PRODUCTION PROCESS MANAGEMENT

생산 공정관리

구민사

저자약력 | **이철우**
동강대학교 AI 미래자동차과 교수

생산 공정관리

초판 인쇄 | 2023년 2월 21일
초판 발행 | 2023년 2월 28일

저 자 | 이철우
발행인 | 조규백
발행처 | 도서출판 구민사
(07293) 서울특별시 영등포구 문래북로 116, 604호(문래동3가 46, 트리플렉스)
전화 | (02) 701-7421(~2)
팩스 | (02) 3273-9642
홈페이지 | www.kuhminsa.co.kr

신고번호 | 제2012-000055호 (1980년 2월 4일)
I S B N | 979-11-6875-185-9 93550

값 24,000원

PREFACE

머리말

4차산업 혁명시대에 걸맞은 인재 양성에 대한 사명으로 현장 맞춤형 인재 양성을 위해 본 생산공정관리 저서를 발간하게 되었다.

국가 스마트팩토리 구축에 따라 국가 제조혁신이 가속화되고 학령인구 감소로 제조 생산에 있어서도 새로운 패러다임을 통한 교과과정 구축과 시대적 사명에 따라 대학 강단에서도 스마트 제조의 인식 확산이 절실한 때이다. 이에 맞추어 본 교재는 대학 강단과 스마트 제조 혁신사업단 전반에 걸쳐 4차 산업 맞춤형 인재 양성을 위한 교과서로 활용되기를 바란다. 본서를 출간하면서 저자는 다음과 같은 몇 가지 사항을 강조한다.

첫째, 스마트 제조 혁신에 따른 4차 산업혁명 인재 양성을 위한 맞춤형 교재로서 대학 전공자와 제조업 중간 관리자의 필독서이다.

둘째, 제한된 시간에 교재 내용을 빠르게 학습할 수 있도록 총 13장으로 구성하여 전공자는 물론 비전공자 모두의 필독서로 활용될 수 있노록 구성하였나.

셋째, 역량기반 교과과정 개발에 따라 NCS 역량과 연계시켜 교과과정이 마련되어 있어 취업을 앞두고 있거나 이직을 희망하는 만학도의 필독서이다.

넷째, 가급적 현장 맞춤형 역량을 기반으로 작성하고자 하였으며, 생산공정관리 작업과 관리 그리고 개선을 위한 내용으로 수록되어 있다.

다섯째, 생산관리는 유형재의 생산에서 더 잘 이해될 수 있으나 운영 관리의 비중이 확대되고 강조되고 있기 때문에 이에 더 큰 비중을 두었다.

또한 저자는 새로운 변화의 시대에 맞추어 창조적이며, 융복합적 인재 양성이 가능하도록 집필을 하였으며, 우리 사회의 급속한 발전과 변화에 발맞추어 최신 내용으로 집필을 하였다. 먼저 생산관리의 개념에서부터 생산시설 전반에 대한 계획과 총괄 생산계획을 통한 일정관리가 가능하도록 구성하였다. 그다음으로 생산공정관리에 있어 핵심요소인 자재소요계획과 작업 인력의 관리, 설비의 보전 등 작업환경을 개선할 수 있는 내용으로 작성되어 있다. 끝으로 본 교재는 핵심 역량을 통한 자기개발이 가능하도록 구성하였으며, 산업체에서 요구되는 현장 맞춤형 인재 양성이 가능하도록 NCS 역량과 연계시켜 집필되어 있다.

그 외에 ICT 기술 진보에 따라 ERP와 SCM 활용이 가능하도록 구성되어 있다. ERP는 기업의 모든 분야를 하나로 통합시키고 기업조직과 종사자들의 사고와 행동을 새롭게 바꾸고 있다. 또한 공급망관리 시스템인 SCM은 생산에서의 능률성이나 효율성을 뛰어넘어 공급망을 통해 기업들을 재편성하고 있으며, 각 기업들 스스로 어떻게 공급망을 구성하느냐에 따라 기업의 사활이 결정되는 상황에 있기 때문이다.

학과와 현장과의 거리를 좁히기 위한 필독서로 구성되어 있고 저자가 강단에서 현장의 소리를 전달하고자 부단히 노력한 내용으로 구성하였다. 그러나 여전히 변화에 대한 국내외 목소리 모두를 반영시키지는 못했기에 본서를 강의하시는 교수님과 학생들의 도움일 필요한 이유다.

학교와 산업체의 요구사항이 있다면 적극 수렴하여 개정본에 반영시켜 나갈 것을 약속드리며, 많은 지도와 편달을 바란다.

이 책의 출판을 위해 적극적으로 도움주신 도서출판 구민사 조규백 대표님과 직원 여러분께 깊은 감사를 드린다.

저자 씀

CONTENTS

차례

Chapter 09

자재소요계획

Chapter 10

재고관리

Chapter 11

작업인력의 관리

Chapter

1

생산관리의 개념

01 생산활동의 목표
02 생산관리의 발전
03 생산시스템의 유형

1 생산활동의 목표

1.1 생산활동의 정의

생산활동이란 부가가치의 창출을 가져오는 모든 활동을 의미한다. 이때 부가기치는 고객이 사용하게 되는 효용가치를 말한다. 또한 생산의 대상은 유형의 제품뿐만 아니라 무형의 서비스 제공에 대한 관리 활동을 포함한다고 정의할 수 있다. 이런 의미에서 생산(production)을 단순히 물건을 만드는 제조(manufacturing)의 의미로 해석하는 것은 굉장히 좁은 의미로 해석으로 정의할 수 있다 반대로 광의(廣義) 의미의 생산개념은 제품 및 서비스에 대한 가치제공과 고객만족을 도모해 내는 것으로 기술개발, 생산계획, 운송, 사후서비스 등 고객에게 만족도를 높여주는 데에 기여하는 모든 활동으로 정의할 수 있다. 결과적으로 생산활동이란 부가가치의 창출을 가져오는 모든 활동으로 정의내릴 수 있다. (표 1-1)은 생산활동의 정의를 요약하여 제시해 두었다.

표 1-1. 생산활동의 정의

투입물(INPUT)		프로세스(Process)		산출물(OUTPUT)
• 예를 들면, 원부자재, 기계, 인력, 정보자산 등	⇒	• 생산 활동(Activity) • 부가가치를 위한 창출 • 제품 및 서비스 제공과정	⇒	• 예를 들면, 제품 및 서비스 제공 • 제품, 장소이동, 즐거움 등

1.2 생산의 투입물과 산출물

업종별 생산의 투입물과 산출물을 요약하면 다음과 같다. 먼저 전자조립업종은 투입물이 공장과 작업자, 기계 및 부품 등이 해당되며, 주요기능은 인력계획과 기술개발 그리고 일정계획에 따른 구매활동으로 정의할 수 있다. 주요산출물은 조립제품이다. 둘째, 소방서의 예의 경우 투입물은 소방차, 소방인력, 소모품, 통신기기 등이 해당되며, 주요기능은 소방교육훈련, 장비계획, 담당구역 설정과 조정 등이 해당된다. 주요 산출물은 인면 및 재산의 구조로 정의할 수 있다. 셋째, 택배업의 경우 사무실, 직원, 소모품, 통신기기 등이 해당되면, 주요기능은 장비계획, 인력계획, 배송계획, 거점계획 등이 해당되며, 산출물은 신속하고 정확한 배달이 될 수 있다. 넷째, 대학의 경우 교수, 학생, 건물, 교재 등이 해당되며, 주요기능은 인력계획, 시설계획, 학사관리, 강의 등이다. 주요 산출물은 우수인재의 육성, 사회맞춤형 인재육성, 4차산업 인재양성 등이 해당될 수 있다.

「표」 1-2.

업종	투입물	주요기능	산출물
전자조립	공장, 작업자, 기계, 부품 등	인력계획, 기술개발, 일정계획, 구매 등	조립제품
소방서	소방차, 소방인력 소모품, 통신기기 등	교육훈련, 장비계획, 담당구역 조정 등	인명 및 재산의 구조
택배업	사무실, 직원, 소모품, 통신기기 등	장비계획, 인력계획, 배송계획, 거점계획 등	신속하고 정확한 배달
대학	교수, 건물, 학생, 교재 등	인력계획, 시설계획, 학사관리, 강의 등	우수인재의 육성

2 생산관리의 발전

2.1 경영학의 발전단계

1912년 이래 경영학의 아버지 피터드러커로부터 출발된다. 이후 발전단계는 산업혁명을 기점으로 다음과 같이 나눌 수 있다.

첫째, 자급자족을 위한 가내수공업적 생산

둘째, 산업혁명(1976)

셋째, 산업사회의 생산형태(생산관리의 필요성을 인식함) 즉 산업혁명을 기점으로 경영학의 발전이 가속화 되어 왔고 이러한 경영학 발전과정에서 크게 기여한 경영이론은 다음과 같다.

① 애덤 스미스(Adam Smith)의 분업이론 : 산업혁명과 같은 시기에 국부론이란 저서에서 국가의 부를 증대시키기 위한 방법으로 분업의 이점을 강조하였다.

② 테일러(Taylor)의 과학적 관리법 : 현장의 관리경험을 바탕으로 한 테일러의 연구로 인해 실용적인 측면에 중점을 둔 미국경영학이 시작되었다. 본격적인 생산관리의 출발점으로 정의할 수 있으며, 생산관리에 관한 최고의 연구로 과업관리를 강조하였다.

③ 페이욜(Fayol)의 일반관리론 : 기업의 경영에 필요한 기능으로서 관리에 관한 일반적인 이론을 주장한 이론이다. 테일러가 현장중심의 실천적 방법을 실행하였다면 페이욜은 이론적인 공헌을 남긴 것으로 유명하다.

④ 메이요(Mayol)의 호손실험(Hawthorne Experiment) : 인간관계와 같은 심리적 측면의 중요성에 대한 인식을 환기시키는 계기를 가져왔다. 즉 인간관계론의 시초이다. 테일러의 방법론이 인간을 지나치게 기계화한 측면인데 반해 호손실험은 인간적이고 감성적인 면이 생산성에 영향을 줄 수 있다고 주장하였다.

⑤ 계량적 분석방법의 발전 : 기업경영에 있어 합리적이고 성공할 확률의 높은 의사결정이 경영자의 가장 중요한 임무로 부각되면서 이 분야는 큰 발전을 이루게 되었다. 제2차 세계대전 도중 군에서 개발된 OR(Operations Research)기법은 다양한 의사결정을 계량화하여 생산관리의 발전에 큰 공헌을 하였다.

⑥ 시스템적 사고방법의 적용 : 기업경영은 복잡한 사회의 모든 구성요소와 상호 긴밀한 관계를 가지면서 수행되며, 이를 타개하기 위하여 의사결정의 접근방법에 있어서 시스템적 사고방법을 활용하게 되었다. 오늘날 사회구조는 너무나 복잡하고 반면에 기업경영은 이러한 복잡한 사회의 모든 구성요소와 상호 긴밀한 관계를 가지면서 수행되므로 인간의 한정적 능력으로 쉽사리 이해하기 어려운 부분이므로 이를 타개하기 위한 방법으로 시스템적 접근 방법이 활용되었다.

2.2 테일러(Taylor)의 과학적 관리(Scientific Management)

과학적 관리법은 1800년대 미국의 기업현실은 자원축적에 있었으나 관리가 거의 되지않는 비능률적 상태였다. 작업환경이 열악하고 근로자의 태만, 관리의 부재, 작업자와 관리자의 갈등이 많이 이슈화 되었던 기업의 현실이었다. 테일러는 과학적인 작업성과의 기준으로 과업을 생각하게 되었으며, 과업은 노동자가 건강을 해치지 않는 범위내에서 하루 동안 열심히 일했을 때 달성할 수 있는 작업량을 의미한다고 정의하였다. 이런 의미에서 이

후 테일러의 연구를 과업관리라고 하였다. 즉, 작업과정의 능률을 최고로 높이기 위해 시간연구와 동작연구를 기초로 하여 노동표준량을 정하고 임금을 작업량에 따라 지급하는 방식 등으로 합리적인 작업방법을 연구한 것이다. 아래는 테일러의 인간관으로 합리적인 경제적 관점 즉 기계적인 관점에서의 과학적 방법을 연구한 내용이다.

① 과거 주먹구구식 방법을 버리고 작업을 위한 과학적 방법을 개발하였다.
② 과거 노동자들이 자기가 작업을 택하고 스스로 자기 자신을 훈련시켰던 방법에서 벗어나 과학적 연구방법에 의해 노동자를 선택하고 훈련 및 개발을 시켰다.
③ 노사간 진정한 협조가 이루어져야 하며, 이를 통해 과학적 방법에서 작업을 수행하였다.
④ 작업자나 관리자가 자기들에게 맞는 업무를 맡아서 책임과 일을 균등하게 나누도록 하여 책임과 권한을 가졌다.

2.3 시스템적 접근방법(System Approach)

시스템이란 특정한 목적을 가지고 이를 성취하기 위해 여러 가지 구성인자가 서로 유기적으로 연결되어 목적을 달성하려고 상호작용하는 것을 시스템적 접근방법이라고 한다. 하나의 시스템적 접근방법은 마치 톱니바퀴처럼 또 다른 시스템과 상호작용을 가진다.

[1] 아래 내용은 시스템이 되기 위한 중요 요건들을 요약하였다.

① 뚜렷한 목적을 가지고 있어야 한다.
② 시스템을 이루고 있는 구성인자는 상호 유기적으로 연결되어 있어야 한다.
③ 시스템의 구성인자들은 자원, 정보, 에너지를 사용하고 있어야 한다.

[2] 시스템 모형

시스템 모형은 투입(input), 진행과정(process) 및 산출(output)로 이루어진 체계로 정의할 수 있다. 시스템은 경계가 있으며, 경계선 내부가 시스템이고 경계선 외부가 환경을 의미한다. 특히 생산시스템은 생산기계, 가공중인 생산물, 생산과정, 생산기술자 등이 주된 시스템을 이루고 있고 나머지는 기업의 환경으로 구성되어 있다.

[3] 시스템 접근방법

현대경영학적 연구는 크게 두가지로 나눌 수 있다.

첫째는 행동과학적 연구이다. 경영문제 중에서 조직내의 인간행동과 관련된 분석을 연구한다. 둘째는 계량분석적 연구이다. 경영문제를 계량화하여 수학적 모형을 통해 분석하고자 하는 연구방향이다. 그러나 경영학 연구가 행동과학적이든 계량적이든 간에 모두 시스템적 접근법을 이용하는 것이 현대경영학의 특징이라고 할 수 있다. 시스템적 접근방법은 크게 세가지로 나눌 수 있다. 첫째는 시스템 철학, 둘째는 시스템 분석, 셋째는 시스템 경영을 기반으로 경영문제에 접근하는 방법이다. 기업을 하나의 시스템으로 보면, 이 시스템은 생산, 마케팅, 재무, 인사 등의 여러 하위시스템으로 이루어져 있다. 이때 기업이라는 상위시스템과 하위시스템(subsystem)이 어떤 상태와 목표를 가지고 상호간에 관계를 유지하며, 조화되어 기업목적을 가장 효율적으로 달성하는지 연구하는 것이다. (표 1-3)은 시스템 접근방법 구분에 따른 모형별 개념과 활용에 대한 내용이다.

표 1-3. 시스템 접근방법(System Approach)

구분	시스템 접근방법		
	시스템 철학	시스템 분석	시스템 경영
개념	시스템의 일반이론 및 원칙	시스템 분석의 모형	경영에 시스템이론의 적용
활용	사고 및 의사결정의 방법 및 철학 분야에 활용	문제해결을 위한 방법에 활용	자원의 배분결정 및 하위 시스템 각 연관분석에 활용

3 생산시스템의 유형

생산시스템은 크게 다섯가지 유형으로 분류 가능하다.

① 판매시스템은 다른 기업이나 다른 조직에서 만든 것을 판매하는 것으로 재화를 직접 생산하는 부분이 포함되어 있지 않고 다른 기업이나 조직에서 만든 것을 판매하는 것이다. 예를 들면, 백화점이나 슈퍼마켓 등을 들 수 있다.

② 대량(시장) 생산시스템은 소품종의 제품을 대량생산하여 판매하는 시스템으로 표준화된 규격품을 대량생산하는 것으로 예를 들면 자동차나 전자 등이 해당된다.

③ 주문생산 시스템은 크게 폐쇄적 주문생산과 개방적 주문생산으로 나눌 수 있다. 폐쇄적 주문생산은 회사측에서 수요자에게 사전에 제품의 규칙을 제시해 놓고 이들 제품들에 대한 주문에 응해서 생산활동을 수행하는 것이다. 예를 들면, 책상, 의자 등을 주문해서 생산하는 방식이다. 개방적 주문생산은 수요처에서 요구하는 명세대로 생산하여 공급해 주는 기업들을 의미한다. 예를 들면, 기계류, 고가의 가구, 특별주문품이 해당된다.

④ 대규모 1회 프로젝트는 건설공사나 조선작업과 같이 대규모이고 또 1회에 한하는 프로젝트 등의 생산작업을 의미한다.

Chapter

2

생산의사결정

1 생산활동의 목표

1.1 생산기능의 평가기준

생산기능이 기업의 경쟁력에 얼마나 기여하는지 평가하는 데 사용되는 일반적 기준은 생산관리의 목표이다. 생산관리 목표의 달성을 통해 기업의 경쟁력의 확보가 가능하므로 생산 기능의 평가척도는 생산관리 목표의 달성정도가 된다. 이러한 생산관리 목표에 따른 생산기능 평가기준은 가격과 품질, 적시적소, 유연성의 4가지로 구분할 수 있다.

① 가격은 기업이 얼마나 싼 비용으로 제품을 생산하여 소비자에게 공급할 수 있는가?

② 품질은 제품의 품질수준은 얼마나 만족스러운가? (서비스 포함)

③ 적시적소는 고객이 원하는 제품을 제 때에 공급해 줄 수 있는가?

④ 유연성은 생산시스템이 시장환경에 따라 다양한 제품을 공급할 수 있는 유연성을 갖추고 있는가?

[1] 생산관리의 목표

① 원가(or 가격)

② 납기(or 적시적소)

③ 품질(서비스 포함)

④ 유연성 – 시장환경에 따라 다양한 제품공급

[2] 기업의 경영전략에 따라 평가기준은 상대적인 차이가 존재

① 표준화된 제품의 시장점유율을 높이기 위해서는 가격과 서비스율이 중요하다.

② 고부가가치 제품의 개발과 판매에 사업목표를 두는 기업은 품질과 유연성에 큰 비중을 두게 된다.

1.2 고객만족경영

기업경영의 원칙은 다음과 같이 변화하였다. 고객만족과 기업이윤의 동시추구를 위한 고부가가치 제품의 개발 및 생산을 위해서는 전사적인 고객지향체제를 갖추어야 한다. 이전에는 생산자 중심체제(밀어내기식 판매체제)하에서는 구매, 생산, 판매 등 부문간 협력이나 정보교류가 덜 중요했으나, 현대의 극심한 경쟁환경에서는 자원의 효율적 활용과 고객만족을 위해서 전사적 고객지향 체제가 중요하다. 근래의 추세인 JIT(적시생산시스템)도 이러한 경향을 반영한 것이다. 과거에 비해 고객이 많은 정보를 소유하기 때문에 고객의 욕구가 다양해지고 고객중심으로 변화가 가능하다.

[1] 의사결정의 기준(위의 기준들 중 어느 것을 추구할 것인가?)

① 기업 내 다양한 관점 존재(예, 판매부서 vs. 제조부서)

② 기업전략의 변화에 따른 목표의 변화

생산자 중심
대량생산체제

경쟁의 초점 : 가격, 물량

➡

고객 중심
고부가가치 생산체제

경쟁의 초점 : 품질, 유연성

2 기업전략과 생산관리

2.1 생산전략의 위치

기업전략은 기업경영에 필요한 마케팅전략, 생산전략, 인재육성전략, 기술개발전략, 재무전략 등 여러 가지로 나누어 볼 수 있다. 보통 이러한 전략은 개별적으로 수립되는 것이 아니라 기업의 총체적 목표에 적합하도록 조화롭게 수립되어야 한다. 예를 들면, 기업의 사업목표는 기능별부서의 목표와 연관성이 높게 수립되어야 함을 의미한다.

① 기업전략에 속하는 각 전략들은 기업의 총체적 목표에 적합하도록 조화되어야 한다.

② 어느 기업의 사업목표가 고부가가치 제품의 생산/판매로 설정된다면, 생산전략은 생산체제가 고품질과 유연성을 확보할 수 있게끔 수립되어야 한다.

2.2 제품수명주기(PLC, Product Life Cycle)와 생산전략

제품수명주기와 생산전략은 제품수명주기에 따라 생산목표의 변화를 가져온다. 제품수명주기에 따른 도입기, 성장기, 성숙기, 쇠퇴기의 과정을 가진다. (표 2-1)은 제품수명주기별 구분(경쟁형태, 생산형태, 생산목표)에 따른 변화를 요약하였다.

표 2-1. 제품수명주기에 따른 생산목표의 변화.

구분	도입기	성장기	성숙기	쇠퇴기
경쟁형태	시장탐색	품질향상, 물량공급	가격인하, 서비스제고	비용절감
생산형태	소량, 다양화	대량화, 표준화 지향	대량생산, 단일화 지향	단일화
생산목표	유연성	품질, 적시적소	가격	가격

2.3 의사결정부문

생산전략이 성공적으로 수행될 수 있도록 생산에 관한 의사결정은 이루어져야 한다. 생산관련 의사결정부문은 크게 다섯가지로 분류된다. 이러한 부문은 연관성이 높기 때문에 정책간의 일관성을 높이기 위해 합리적이고 계층적 의사결정절차가 요구된다.

① 제품 : 제품믹스, 품질, 수직통합 등

② 공정 : 생산공정, 제조기술 등

③ 시설 : 입지 및 규모, 물류시설 등

④ 통제 : 재고정책, 구매정책, 분배정책, 품질관리정책, 생산스케쥴링 등

⑤ 조직 : 조직구조, 정보체제, 업적평가 및 인센티브, 인적 자원관리 등

3 생산관리의 의사결정절차

생산관련 의사결정은 계층적 의사결정절차를 거쳐 이루어지는 것이 바람직하다. 계층적 의사결정절차는 가장 전략적이고 장기적인 의사결정을 내린 후에 점차 보다 더 전략적인 의사결정을 해 나가는 것을 말한다. (표 2-2)은 계층적 생산의사결정 단계를 도식화하였다.

표 2-2. 계층적 생산의사결정 단계

		제품 및 기술의 선택		
		▼		
장기 수요예측	⇒	시설계획(CP)	⇔	
		▼		
생산형태	⇒	총괄생산계획(APP)	⇔	재고 계획 및 통제
		▼		
중기 수요예측	⇒	생산일정계획(MPS)	⇔	
		▼		
		자재소요계획(MRP)	⇔	
		▼		
		생산실행 및 통제	⇔	

4 공정형태와 생산계획

공정의 형태 및 공정형태별 생산계획의 특징은 연속 및 반복생산시스템, 묶음 및 과업생산시스템, 프로젝트 생산관리시스템으로 구분되며, 각각에 대해 다음과 같이 요약할 수 있다.

4.1 연속 및 반복생산 시스템

연속 및 반복생산 시스템은 소품종 대량생산에 적합한 시스템이다. 동일, 동종의 제품 즉 표준품을 대규모로 생산하는 것을 말한다. 생산계획이 비교적 단순하다. 시설계획은 장기수요예측에 따른 연도별 시설확장계획을 의미하며, 총괄생산계획은 월별 수요예측에 따른 작업수준 결정을 의미한다. 일정계획은 단기수요예측 또는 주문상황에 따른 품목별 생산일정을 결정하는 것이며, 실행 및 통제는 계획과 실적치의 비교 및 평가를 수행한다.

[1] 의의 : 동일/동종 제품, 즉 표준품을 대규모로 생산하는 것이다.

① 시설계획은 장기수요예측에 따른 연도별 시설확장계획으로 흔히 5년~10년의 일정으로 계획한다.

② 총괄생산계획은 월별수요예측에 따른 작업 수준을 결정하는 것으로 매년 수립되어야 한다.

③ 일정계획은 단기수요예측 또는 주문상황에 따른 품목별 생산일정을 결정하는 것으로 매월 일정계획을 수립하여야 한다.

④ 실행 및 통제는 계획과 실적치의 비교/평가를 통한 실행 및 통제가 이루어져야 한다.

4.2 묶음 및 과업생산시스템

다품종 소량생산시스템에 적합한 시스템이다. 이중 제품을 비교적 소량으로 생산하는 형태이며, 여기에는 특성이 유사한 주문들을 모아 한꺼번에 생산하는 묶음(batch) 생산으로부터 특성상 주문별로 생산하게 되는 과업(job)생산에 이르기까지 여러 가지 형태가 있을 수 있다. 생산계획이 제한된 생산능력, 주문별 우선순위, 납기, 제한된 생산능력, 생산 품목의 전환에 따르는 기회비용의 발생 등으로 복잡한 용인이 존재하므로 연속, 반복생산에 비해 힘든 작업이다. 장·단기 수요예측이 어려움에 따라 생산시스템의 유연성(flexibility)이 중요하다. 특히 이 유형에서 가장 어렵고 핵심적인 기능은 일정계획의 작성이다. 예를 들면, 묶음생산에 해당되는 사무용 기구제작, 공구제작 등 유사한 제품을 한데 묶어 처리해야 하며, 과업생산은 법률 서비스, 주택건설 등 독특한 제품을 생산시 적용된다. 따라서 가장 주안점을 두어야 할 계획단계가 바로 일정계획이다.

4.3 프로젝트 생산관리시스템

비교적 거대하고 독특한 과업으로 1개 주문을 수행하는 데에 막대한 시간과 비용이 소요된다. 그러므로 수행에 앞서 적절한 계획과 관리체계의 수립이 요망되는 과업시스템이다. 한개의 프로젝트는 전·후관계를 갖는 여러 활동들로 구성된다. 대표적 기법으로 PERT/CPM 기법이 있으며, 네트워크 모형도 한 예가 된다. 예를 들면, 건설, 연구개발(R&D), 시장조사 등이 해당된다.

[1] PERT/CPM

PERT/CPM은 단계와 활동으로 구성되어 있는 네트워크 모형이다.

① 단계(EVENTS)는 어떤 상태가 물리적 또는 지적으로 환성되는 순간적인 상태로 ○로 표시한다. 그리고 활동이 시작되거나 완료되는 시점이다.

② 활동(activity)은 시간이나 자원을 소비하는 하나의 개별작업(실선 화살표)으로 작업의 진행방향을 표시한다.

③ 주경로(애로경로)의 결정은 먼저, 주경로(critical path)는 가장 많은 시간이 소요되는 경로를 의미한다. 다음으로 주경로를 설정하는 이유는 예정된 기간내에 프로젝트를 완성할 수 있도록 하기 위해서 주경로를 보다 집중적으로 통제해야 한다.

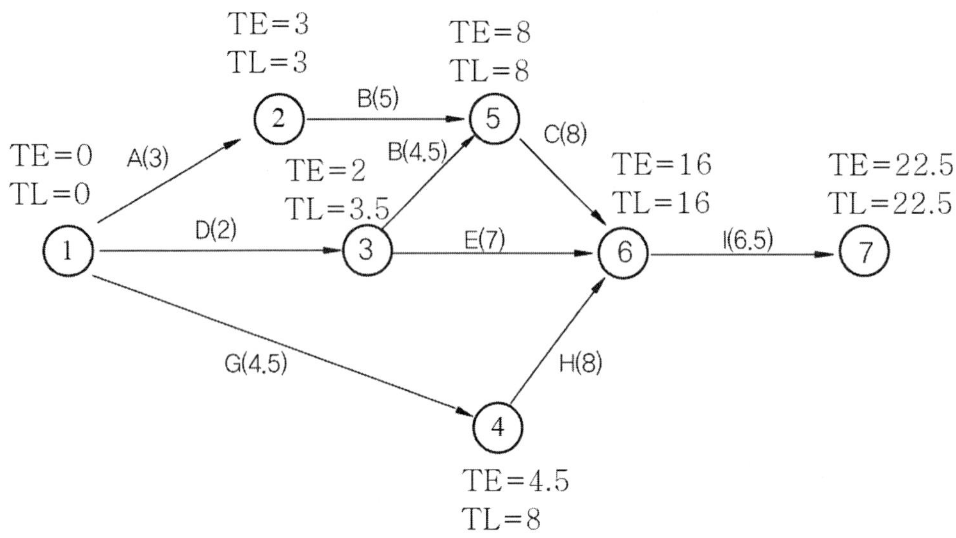

4.4 생산공정 작업의 흐름이나 작업의 반복성

[1] 흐름작업장(flow shop)

모든 투입물은 처음부터 끝까지 동일한 경로를 따라 흐른다. 작업자의 기계는 각 투입물에 대해 동일한 형태의 작업을 행하며, 어떤 경우에는 형태가 동일할 뿐 아니라 완전히 동일한 작업을 수행하기도 한다. 예를 들면, 개인용 컴퓨터나 자동차의 생산과 같이 대량생산이 이루어지는 경우가 해당된다. 그리고 작업순서는 동일한지만 작업소요시간은 다른 경우가 있다. 예를 들면, 병원의 경우 환자는 접수실에서 접수 후 진료와 검사를 받고 청구서에 따라 진료비를 지급하는 등의 흐름은 동일하지만 환자에 따라 작업내용이 상이한 경우이다. 공정형태로 연관지을 때 흐름작업장은 흐름공정시스템(flow system) 즉, 연속공정의 형태를 띈다. 흐름작업장은 생산의 반복성 때문에 노동과 설비가 전문화가 이루어지고 노동의 분업 때문에 숙련도가 높은 노동력을 필요로 하지 않는 대신 전문화된 설비가 설치된다. 비용이 높지만 시스템의 특성인 대량성 때문에 높은 비용도 타당한 것으로 인정된다. 왜냐하면 설비는 고가이지만 생산수량이 많아 단위당 비용이 상대적으로 낮아지기 때문이다. 일반적으로 제품은 고객의 주문에 의해서가 아니라 예측수요에 의해 이루어진다.

[2] 고정작업장(job shop)

투입물들이 각기 다른 경로를 따라 흐른다. 고정작업의 예로는 가죽공장, 병원, 인쇄소 및 대학교 등을 들 수 있다. 고정작업장은 한 품종을 하나만 생산하거나 적은 수량을 생산한다. 그리고 공정형태와 연관지을 때 고정작업장은 소량의 제품을 생산하기 위해 설비가 단기간 운영되거나 다른 품종의 생산을 위해 중단되는 단속공정의 형태에 가깝다고 할 수 있다. 여기서 단속공정은 산출수량이 적을 뿐 아니라 다양한 제품을 생산해야 되기 때문에 범용(general purpose)설비를 사용하며, 준숙련공(semiskilled workers)이나 숙련공이 필요하다. 단속생산은 연속공정처럼 생산일정이 확실하게 정해진 경우가 아니라 기계 설비를 자주 가동시켜야 하며 이어지는 작업을 위해 기계를 다시 조정하여야 하는 경우가 많다.

[3] 프로젝트작업장(project shop)

흐름의 형태는 고정작업이지만 특별한 경우에 해당하는 프로젝트(project)를 수행하는 작업장을 말한다. 프로젝트는 일회(one time)적인 작업이면서 대단히 복잡하고 수많은 작업들로 구성된다는 특징이 있다. 프로젝트는 공정형태와 관련하여 볼 때 그 기간이 한정되어 있고 비반복적인 성격을 갖고 있기 때문에 연속공정과 단속공정과는 구분된다.

4.5 생산의 형태

작업은 반복성의 정도에 따라 생산의 형태가 결정되는데 반복성에 의해 생산형태를 구분하면 다음과 같다.

[1] 연속생산(continuous production)

공정이 계속하여 운전된다는 특성을 가진다. 연속 생산을 하는 작업을 공정산업(process industry)라고 한다. 예를 들면, 화학 및 제약공정, 석유시추 및 정제, 페인트생산 등이 이에 해당된다.

[2] 조립라인 생산(assembly line production)

조립라인 생산은 대량생산(mass production)이라고 한다. 예를 들면, 자동차, 펜, 전구, 나사못 등이 이 생산형태에 속한다.

[3] 배치생산(batch production)

일괄생산 또는 롯트생산이라고 하며 비행기, 대학의 강의 등이 예가 될 수 있다.

[4] 단위생산(unit production)

단위생산형태는 한 번에 한 단위의 제품만을 생산하는 것을 말하며, 예로는 병원의 수술, 공장건설, 신제품개발 등이 속한다.

Chapter

3

제품 및 기술의 선택

제품 및 기술의 선택단계는 기업이 처한 내·외적 상황을 감안하여 미래 경쟁 우위 확보를 위해 제품 포트폴리오를 조정한 후 제품·시장·기술에 대한 향후 비전을 수립하는 단계를 말한다. 예를 들면, ① 기존제품이 제품수명주기상 쇠퇴기에 접어든 경우로 생산을 축소하거나 사양화 시키고 다른 품목에 경영활동을 집중시킨다. ② 기존제품들로서 지속적 경쟁력 유지가 어렵다고 판단되는 경우로 새로운 전략제품을 선정하여 개발하게 된다. 이 경우 기존 제품포트폴리오를 새로운 제품포트폴리오로 조정하게 된다. 새로운 제품포트폴리오 조정 작업시 고려되는 사항은 첫째, 자산의 능력(관리, 기술, 자금), 둘째, 경쟁상황, 셋째, 고객욕구, 넷째, 제품수명주기, 다섯째, 제품의 수익성 등이다. [그림 3-1]은 제품 및 기술의 선택과정을 도식화하였다.

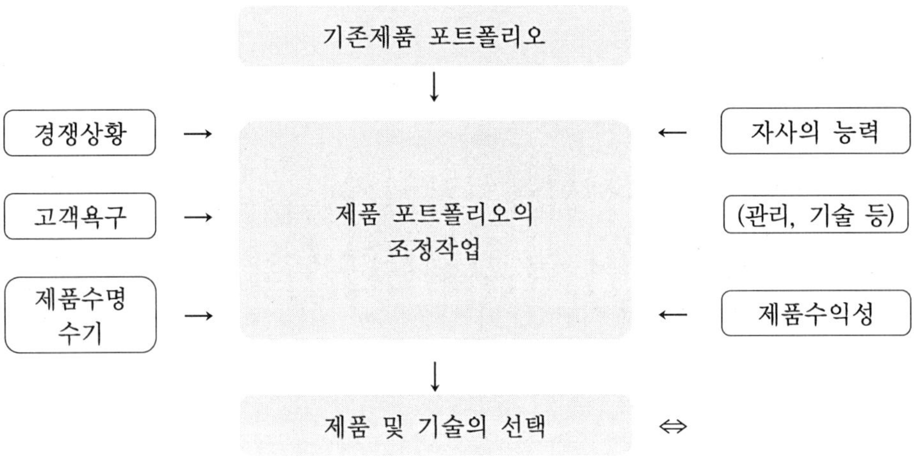

[그림] 3-1. 제품 기술의 선택 과정

1 신제품 도입의 기본전략

기업이 신제품을 도입할 경우 이용하는 기본적인 방법은 시장에서 원하는 제품을 만드는 전략, 기술적 가능성에 의한 전략, 기능조정적 전략으로 구분할 수 있다.

1.1 시장에서 원하는 제품을 만드는 전략(market-pull 전략)

판매가능한 제품만을 생산한다는 견해로 기존 기술과 생산과정과는 관계없이 시장에서 신제품이 결정된다. 고객의 요구가 신제품 도입의 1차적 근거가 되며, 신제품의 유형결정은 시장조사를 통해서 이루어진다. 이때 판매가능한 제품만을 생산하면 비교적 성공확률이 높다.

1.2 기술적 가능성에 의한 전략(technology-push 전략)

생산가능한 제품만을 판매할 수 있다는 사고방식에 출발하여, 신제품은 시장과 관계없이 생산기술로부터 비롯된다. 그리고 적극적인 연구개발 및 생산기능을 통하여 시장에서 우위를 차지하게 되는 우수제품을 만드는 전략이다.

1.3 기능조정적 전략(interfunctional strategy 전략)

신제품 도입은 각 기능간에 조정이 필요하며, 마케팅, 생산, 공학 및 기타 여러 기능간의 협조를 요구하게 된다. 즉 마케팅, 생산, 공학 및 기타 여러 기능간의 협조를 요구하게 된다. 신제품 개발과정은 시장지향적이거나 기술지향적이 아닌 기능간의 조정노력에 의해서 결정된다. 또한 신제품은 시장요구와 함께 기존 생산기능의 양립이 가능한 것이어야 한다. 기능조정적 접근방법이 사용될 경우 신제품 설계는 시장지향적 전략과 기술지향적 전략 간의 어느 중간 지점에 위치하게 된다. 매트릭스 조직 또는 태스크포스 등의 다양한 조직요소의 통합을 위해 활용되기도 한다.

2 신제품 개발과정

신제품 개발과정은 착상, 사업성 분석, 개발제품의 선정, 예비제품 설계, 원형제품의 구축, 검사, 최종설계, 신제품생산으로 이루어진다.

2.1 착상

새로운 아이디어가 모두 신제품으로 개발되는 것은 아니다. 신제품에 대한 아이디어는 시장잠재력, 재무능력 및 생산 적합성 등의 요소를 충족시켜야 한다. 신제품 아이디어가 예비설계로 들어가지 전에 위의 세가지 평가 기준에 관한 조직적 분석이 요구된다. 이 단계의 제품에 대한 분석 목적은 최상의 아이디어를 파악하는 것이지 최종적인 제품생산에 있는 것이 야기 때문이다. 시장에서의 아이디어는 고객의 요구에 의해 생기는데, 이때 시장에서의 요구를 확인함으로써, 요구충족을 위하여 신기술과 제품을 개발한다. 신제품에 대한 아이디어는 이용가능한 기술이나 새로운 기술로부터 떠오를 수도 있다.

2.2 사업성 분석 및 개발제품의 선택

신제품에 대한 아이디어는 적어도 3가지 테스트(시장잠재력, 재무능력, 생산적합성)를 충족시켜야 한다. 신 제품 아이디어가 예비설계로 들어가기 전에 위의 3가지 평가기준에 관한 조직적 분석이 요구된다. 이 단계에서 제품에 대한 분석의 목적은 최상의 아이디어를 파악하려는데 있다. 그리고 제품에 대한 분석은 매우 주관적이라고 할 수 있으며, 어느 정도는 한정된 정보에 입각할 수 밖에 없다.

2.3 예비제품 설계

신제품에 대한 아이디어를 최상으로 설계에 옮기려는 데 역점을 두게 된다. 보통 예비설계가 채택되면 다음 단계에서 면밀한 테스트와 분석을 위해 제품의 원형(prototype)을 만들게 된다. 예비설계 단계에서는 비용, 품질, 그리고 제품 성능 간의 상호보완관계가 고려되어야 하며, 앞의 제품설계단계에서는 제품의 골격만을 정의하는 것이라면 예비제품설계단계는 제품을 완전히 규정하도록 노력해야 한다.

2.4 원형제품의 구축

최종제품을 거의 닮은 몇 가지 원형제품의 제작은 대개 수작업으로 이루어진다. 예를 들면, 자동차산업의 경우 새로운 자동차 모형을 진흙으로 빚는다. 그리고 서비스산업의 경우 원형제품은 서비스제품이 실제로 판매되는 장소들 중의 어느 한곳에서 실행되고 수정된다.

2.5 검사

원형제품 검사의 목표는 마케팅 및 기술상의 성과를 확인하는데 있다. 시장에서의 성과를 평가할 수 있는 한 가지 방법은 신제품의 검사를 위한 시장에서 충분히 공급할 수 있을 만큼 원형제품을 만드는 것이다. 검사시장의 운영은 대개 6개월에서 2년에 걸쳐 실시되며, 소규모 지역에 한정하게 된다. 검사시장 운영을 통한 검사의 목적은 제품에 대한 고객의 수용 태도 여부를 계량화하여 자료를 수집하는데 있다. 원형제품은 기술상의 제품성능 측면에서도 검사를 받게된다.

2.6 최종설계

최종설계단계에서는 제품의 설계도면 및 규격이 결정된다. 원형제품의 검사 결과에 따라 필요한 몇가지 수정을 거쳐 최종설계안으로 구체화 된다. 만일 제품에 변경이 생기면 최종제품의 성능이 보장될 수 있도록 한층 더 제품에 대한 검사를 하게 된다. [그림 3-2]는 신제품 개발과정을 도식화하였다.

그림 3-2. 신제품 개발과정

<table>
<tr><th>순번</th><th>단계</th><th colspan="2">설명</th><th>개발과정</th></tr>
<tr><td>1</td><td>착상단계</td><td colspan="2">개발대상에 대한 착상</td><td>비용절감</td></tr>
<tr><td rowspan="2">2</td><td rowspan="2">개발대상제품의 선정단계</td><td colspan="2">사업성분석</td><td>신제품에 대한 아이디어는 시장잠재력, 생산 적합성, 재무능력의 요소 충족필요</td></tr>
<tr><td colspan="2">개발제품 선정</td><td>분석의 목적은 최상의 아이디 어 파악키 위함</td></tr>
<tr><td rowspan="4">3</td><td rowspan="4">개발 및 설계단계</td><td>예비제품 설계</td><td rowspan="4">공정설계</td><td rowspan="4">예비제품 설계단계 : 신제품에 대한 아이디어를 최상으로 설계에 옮기려는데 역점(제품을 완전히 규정)두며, 비용, 품질, 제품 성능간 상호보완관계가고려되어야 하는 단계</td></tr>
<tr><td>원형제품의 구축</td></tr>
<tr><td>검사</td></tr>
<tr><td>최종제품 설계</td></tr>
<tr><td>4</td><td>생산단계</td><td colspan="2">신제품 생산</td><td>신제품 런칭</td></tr>
</table>

3 기술의 선택

[1] 경쟁력을 계속 유지하려면 기술개발에 충분한 투자를 해야 하는데 현재까지도 기술개발에 대한 투자가 일반기업에서는 크지 않다.

[2] 헤이즈 & 애버나디(Hayes & Abernathy)의 주장

경영자들은 미래를 위한 기술혁신과 투자가 그들의 본연의 임무임에도 불구하고 현실적으로 그 본연이 임무에서 이탈해 있다고 주장한다. 많은 경영자들은 근본적 가치를 가진 신제품과 서비스의 창출보다는 단기적 능률과 현재의 제품 및 공정에 만족해오고 그 결과 사업에 대한 투자 그 자체가 체계적으로 위축된다. 따라서 헤이즈와 애버나디는 혁신의 필요성을 주장한다. 모방제품은 기존제품을 단순히 모방하여 만들어낼 수 있으므로 철저한 분석이 가능하며, 보다 많은 단기적 수익을 보장받을 수 있지만 장기적인 투자를 위축시킬 수 있는 것이다.

① 근본적으로 기술투자 미흡

② 단기효과 추구하는 경향

③ 의식전환 없이는 경쟁력향상 어렵다.

4 의사결정수(DMT, Decesion Making Tree) 분석

4.1 의사결정수의 분석

의사결정수 분석은 장기적 생산능력에 관한 의사결정 등 전략적 의사 결정에 매우 유용한 기법이다. 자체생산이냐, 아니면 외주화를 추진하느냐의 문제로 각기 장단점이 있다. 외주의 단점은 기술시너지 효과 상실, 기술정보 유출, 품질우험, 납기위험, 이윤감소 등을 들 수 있으며, 외주화의 장점은 유연성 증대, 투자위험 감소, 공급자로 기술전수 등이다.

4.2 의사결정수 분석 : 위험 하에서 의사결정기법

① 의사결정마디(decesion node) : 사각형(□)으로 표시되며, 이 마디에서는 의사결정, 즉 대안의 선택이 이루어진다.

② 기회마디(chance node) : 원(○)으로 표시되며, 이 마디에서는 발생 가능한 현상이 확률적으로 나타난다.

③ 각 마디에서 뻗어 나온 가지(arc) : 가지들은 위의 마디들을 연결하여 의사결정과 사건의 발생과정을 명확히 나타내 준다.

④ 발생확률(probability) : 기회마디에서 뻗어 나가는 가지에 부여되어 각 현상의 발생확률을 표시한다.

⑤ 성과치(payoff) : 대안별, 상황별로 얻을 수 있는 화폐가치로 표시된 성과(이익 또는 손실)를 나타낸다.

의사결정수분석은 대안별 기대화 폐가치(EMV)를 계산하여 EMV가 가장 큰 대안을 선택해 나가는 것이며, 이때 대안별 기대화폐 가치는 성과치에서부터 거슬러 올라가며 계산된다.

4.3 기대화폐가치의 산출방식

[1] 산출방식

기대화폐가치(EMV) = [성과치(A) × 확률] + [성과치(B) × 확률]

[2] 성과치의 도출

① 연도별 현금흐름 = 당해년도의 판매이익 − 당해연도의 신규투자액

*당해년도의 판매이익 = 단위당 판매이익 × 판매량

② 연도별 현금흐름의 현가를 계산

$$PV = \frac{CF}{(1+r)^n}$$

[r = 현가율, n = 해당연도−현재연도, CF = 현금흐름액]

[3] 기대화폐가치(EMV) 산출방식

각각의 전략대안의 선택시 EMV에 대한 계산은 다음과 같다.

단, P(호황) = 0.4P(불황) = 0,6

(단위:만원)

전략 \ 상황	호황	불황
A	2,000	-300
B	1,500	100
C	2,000	-250

▶ 계산: EMV(A) = (2,000×0.4) + (−300×0.6) = 620원

EMV(B) = (1,500×0.4) + (100×0.6) = 660원

EMV(C) = (2,000×0.4) + (−250×0.6) = 650원

[4] 의사결정수에 의한 대안 평가

(단위: 억)

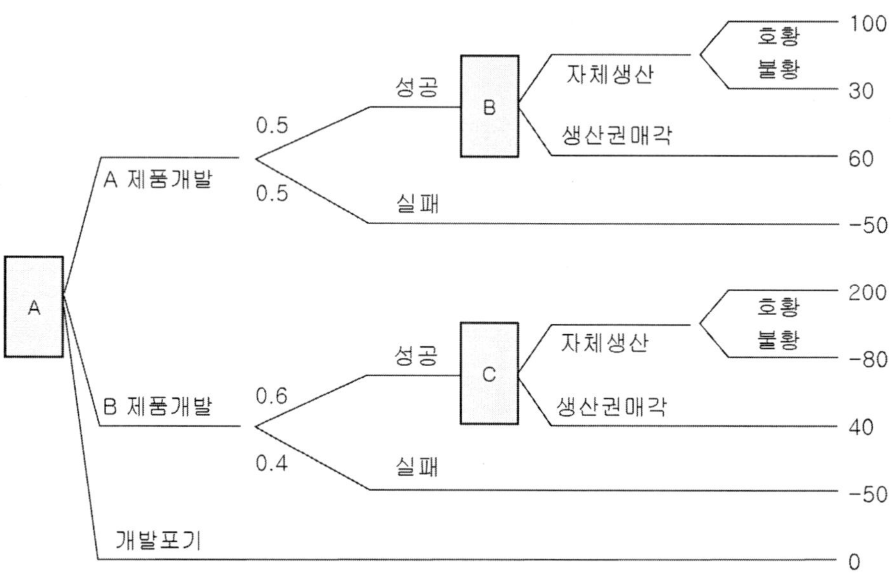

단 P(호황)=P(불횡)=0.5이다.

「그림」 3-3. 의사결정수 모형

[5] 의사결정수에 의한 시설계획 대안 평가

(1) 시설계획의 대안 평가 회사는 제품의 변화속도가 매우 빠른 X제품의 미래생산능력을 계획하려한다. 2008년 현재 연간 생산능력은 2만 단위이다. 이 회사는 생산능력의 확장계획을 세우기에 앞서 계획기간(현재 ~ 2012년까지)에 대한 연도별 미래수요를 낙관적인 추정치, 비관적 추정치 및 절충적인 추정치의 세 가지로 예측하였다. 연도별 수요량과 발생할 확률은 다음 표와 같다.

구분 / 연도	2008년	2009년	2010년	2011년	2012년
낙관치(P=0.25)	17,000	24,000	34,000	48,000	66,000
절충치(P=0.5)	17,000	20,000	24,000	29,000	35,000
비관치(P=0.25)	17,000	19,000	21,000	23,000	25,000

이 회사의 기획팀에서는 몇 가지 사정을 고려하여 생산능력의 확장대안을 다음과 같이 세 가지로 수립하였다.

대안1〉 2010년초, 2011년초, 2012년 초에 각각 15,000단위씩 생산능력을 확장.

대안2〉 2010년초, 2011년초, 2012년 초에 각각 5,000단위씩 생산능력을 확장.

대안3〉 생산능력을 확장하지 않음.

(2) 성과치의 도출결과

기대2 화폐가치(EMV) 도출 전 각 성과치(payoff)의 도출방법을 결정하고 성과치는 대안별 및 상황별로 각 연도의 현금흐름액을 추정하여 계산될 수 있다.

예를 들어,

① 단위당 판매이익 = 생산시설규모 및 연도에 관계없이 6,000원

② 시설확장비용 = 5,000만원 / 15,000단위, 2,000만원 / 5,000단위

③ 현금흐름의 현가계산시 현가율은 15%임.

(3) 대안 1>에 대한 성과치 계산과정

	2008	2009	2010	2011	2012
확장	–	–	15,000	15,000	15,000
총능력	20,000	20,000	35,000	50,000	65,000
투자비	–	–	5,000	5,000	5,000

① 낙관치의 경우

수요량	17,000	24,000	34,000	48,000	66,000	
판매량	17,000	20,000	34,000	48,000	65,000	
판매이익(판매량×0.6)	10,200	12,000	20,400	28,800	39,000	
현금흐름액	10,200	12,000	15,400	23,800	34,000	
현금흐름현가	10,200	10,435	11,635	15,649	19,440	계67,359

② 절충치의 경우

수요량	17,000	20,000	24,000	29,000	35,000	
판매량	17,000	20,000	24,000	29,000	35,000	
판매이익(판매량×0.6)	10,200	12,000	14,400	17,400	21,000	
현금흐름액	10,200	12,000	9,400	12,400	16,000	
현금흐름현가	10,200	10,435	7,108	8,153	9,148	계45,044

③ 비관치의 경우

수요량	17,000	19,000	21,000	23,000	25,000	
판매량	17,000	19,000	21,000	23,000	25,000	
판매이익(판매량×0.6)	10,200	11,400	12,600	13,800	15,000	
현금흐름액	10,200	11,400	7,600	8,800	10,000	
현금흐름현가	10,200	9,913	5,747	5,786	5,718	계37,364

(4) 대안2와 대안3의 성과측정치(대안1과 동일한 방식으로 성과측정치 계산 결과)

① 대안 2의 경우: 낙관치(51,848), 절충치(51,000), 비관치(43,320)

② 대안 3의 경우: 낙관치(44,460), 절충치(44,460), 비관치(43,938)

(5) 대안1의 기대화폐가치의 계산

EMV1 = (67,369×0.25) + (45,044×0.5) + (37,364×0.25) = 48,705만원

EMV2 = (51,848×0.25) + (51,000×0.5) + (43,320×0.25) = 49,292만원

EMV3 = (44,460×0.25) + (44,460×0.5) + (43,938×0.25) = 44,330만원

따라서, 대안 2의 EMV가 가장 큼을 알 수 있다.

Chapter

4

생산시설계획

1 생산능력에 대한 관점

1.1 생산능력

생산능력(capacity of operations)이란 주어진 시스템이 산출할 수 있는 최대의 생산량을 말한다. 생산능력에 대한 몇 가지 관점을 나열하고 생산능력에 관한 의사결정에 포함되는 내용을 살펴보고자 한다.

[1] 생산능력에 대한 몇가지 관점

첫째, 조직의 전략적 계획에 따라 현재와 미래의 수요를 충족시킬 수 있는 수량 및 적시성을 제공할 수 있기 위해서는 충분한 능력이 필요하다. 둘째, 생산능력은 생산효율(efficiency)에 영향을 미치며, 산출을 위한 일정계획, 설비의 유지비 등과도 밀접한 관련이 있다. 셋째, 생산능력은 막대한 비용투자를 동반한다.

[2] 생산능력 확보시 의사결정에 포함되는 내용

① 현재 보유한 능력의 평가

② 계획기간 능력

③ 능력을 조정하기 위한 대체안 확인

④ 능력 대체안에 대한 재무적, 경제적 및 기술적 평가

⑤ 전략적 계획을 달성하기 위한 적합한 대체안 선택

[3] 능력이란 조직의 운영이라는 측면에서 보면 현존 제품조합(product mix)의 이론적인 최대 생산량 혹은 변환할 수 있는 양을 가리킨다. 이러한 능력은 수립된 작업(operations) 내부에서의 변환율(rate of conversion)을 의미하며, 제품조합의 변화에 따라 생산능력은 달라질 수 있다.

1.2 생산에 관한 의사결정의 기본절차

① 기업이 어느 시장에서 어떤 제품으로 승부를 걸 것인지를 결정하고 나면, 다음은 제품을 경쟁력 있게 생산해 내기위한 시설을 마련해야 한다.

② 시설은 새로이 마련할 수도 있고 기존 시설을 활용할 수도 있다.

③ 시설의 입지 및 규모에 관한 의사결정 후 설비배치계획은 입지 및 규모 결정에 비해 상대적으로 미시적 성격에 해당된다. [그림 4-1]은 생산시설에 관한 의사결정의 기본절차를 도식화하였다.

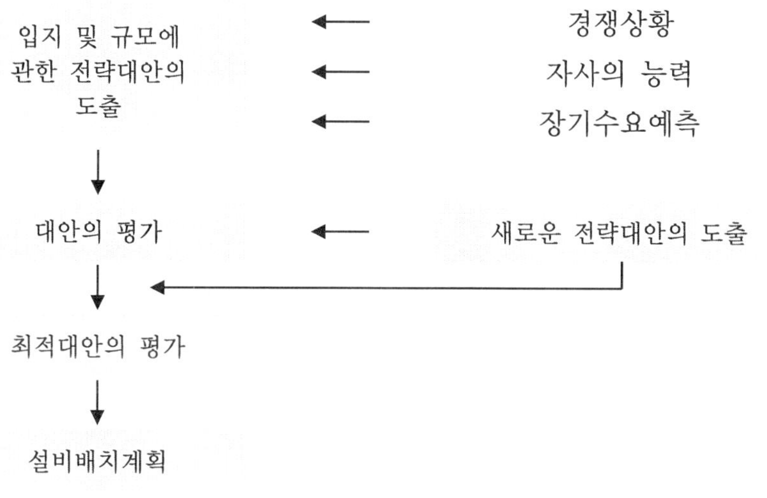

「그림」 4-1. 생산시설에 관한 의사결정의 기본절차

1.3 생산능력에 관한 기초

1.3.1 생산시설계획

장기의 생산능력계획(=생산시 시설계획)은 장기에 걸친 수요변화에 대처하기 위해 빌딩, 자본재 및 각종 시설 등과 같이 획득이나 처분에 1년 이상의 장기간이 소요되는 물리적인 생산설비에 관한 계획을 말한다. 이러한 장기의 생산능력계획은 중기의 총괄계획과 단기의 일정계획에 제약을 가한다. 장기의 생산능력계획은 기업의 전반적인 생산능력을 결정하고 희소자본의 대규모 투자를 요구하므로 최고경영자의 참여와 동의를 필요로 한다. 또한 생산시설계획이란 장기의 생산능력계획을 의미한다.

1.3.2 생산능력의 측정

[1] 생산능력의 의미

특정의 생산시스템에서 일정기간에 생산되는 최대 생산량을 나타낸다. 예를 들면, POSCO는 연간 생산톤수를 생각할 수 있고 현대자동차는 연간 생산 대수를 말할 수 있다.

[2] 생산능력측정시 문제점

① 공통되는 산출단위를 알 수 없을 경우가 존재한다. 생산능력은 다양한 제품을 생산하는 생산시스템의 경우 제품믹스(product mix)의 다양성에 따라 달라진다. 현대자동차의 예에서 소형, 중형, 대형, 트럭 등 여러 가지 제품이 생산되는 경우 공통의 측정단위를 생각해야 한다(자동차의 대수, 철강의 톤수, 석유의 배럴(barrel) 등). 또한 제품믹스가 너무 복잡해서 공통의 산출단위를 사용하기 어려운 경우는 반대로 투입(input)의 척도를 사용해서 생산능력을 나타내기도 한다.

② 가동정책(operating policy)과 관련된 문제를 해결하기 위하여 정상생산능력(nominal capacity)이 사용되기도 한다.

1일 1교대, 2교대, 3교대 어느 것이 정상이든 간에 정상적인 가동정책과 관련하여 정상적인 가동정책하의 일정기간당 최대산출량을 의미한다. 정상생산능력은 잔업이나 추가적인 하도급 등은 포함하지 않으며, 생산시설계획에서 말하는 생산능력은 이러한 정상생산능력을 뜻하고 이는 잔업 등을 포함하는 피크생산능력(peak capacity)과는 구분된다.

[3] 정상생산능력과 피크생산능력의 비교

① 정상생산능력(nominal capacity)

잔업 또는 추가적인 하도급 없이 정상적인 가동정책으로 일정기간 동안 생산할 수 있는 최대의 산출량을 의미한다.

② 피크생산능력(peak capacity)

잔업 및 하청 등 모든 노력이 동원되었을 때의 생산량을 의미한다.

[4] 생산능력의 척도와 측정

조직에 따라 생산능력의 측정이 단순한 경우가 있지만 다양한 제품을 생산하는 경우 측정이 복잡해 질 수 있다. 제품의 조합이 다양한 경우에는 산출량 대신 투입량으로 측정하게 되는 경우도 있다. 예를 들면, 법률사무소는 고용된 변호사의 수주 능력을 표시할 수 있고 수주작업이나 자동차 수리공장은 일정기간에 투입할 수 있는 노동시간이나 기계시간으로 능력을 표시할 수 있는 것이다. 결국 능력의 추정은 변환공정(conversion process)에서의 투입량이나 산출량으로 측정된다. 그러나 생산능력에서 가장 널리 이용되고 있는 공통의 척도는 투입량보다는 산출량을 중심으로 이루어진다. (표 4-1)은 시스템별 능력의 표준척도를 제시해 두었다.

표 4-1. 시스템별 능력의 표준척도

시스템	능력의 표준척도
병원	1일의 환자수
항공회사	연간 고객수, 연간 고객의 비행시간 또는 연간 여객운임
정유회사	1일 생산량
자동차회사	1일 자동차 생산대수
은행	1일 거래건수
정유소	1일 판매량
생산라인	1교대당 생산량
컴퓨터	1초당 계산횟수

[5] 생산능력의 구분

생산능력은 설계능력과 유효능력으로 구분할 수 있다.

① 설계능력(design capacity)

설계능력이란 일반적으로 그 시스템의 제조처에서 설계한 능력을 말하는데 이 능력은 그 제조회사에서 얼마의 능력을 가진 것이라고 표시하는 것이 보통이다. 이 능력은 특정한 자원의 형태로 표시하는 능력으로서 제품, 인력, 기계 및 원재료의 상호 관계를 고려하지 않고 한 가지 자원의 형태로 달성될 수 있는 최대의 생산율로 표시된다. 예를 들면, KAL기의 어떤 항공기 좌석이 150석이고 시속 400마일로 비행할 수 있다고 하면 이 항공기의 1

일 설계능력은 150명*400마일*24시간=1,440,000명/마일/1일이 된다.

② 유효능력(effective capacity)

유효능력이란 제품, 인력 및 원자재 상호 관계를 고려하여 달성될 수 있는 최대의 생산율을 가리킨다. 유효능력은 설계능력보다 낮은 이유는 준비작업, 생산중단, 부적절한 일정계획, 설비의 보전활동, 또는 애로공정 등 때문에 설비가 중단될 수 있기 때문이다. 또한 유효능력은 잠재적인 서비스율이나 생산율 등으로 표시되는 설계능력과는 달리 실제적인 수치로 표시된다. 유효능력은 설계능력보다 더 현실적이기 때문에 이것을 시스템능력(system capacity)이라고도 한다. 능력은 최선의 상황에서 얻어질 수 있는 산출률(output rate)을 가리키므로 실제 생산율과 능력은 서로 다른 것이 일반적이다. 시스템 이용률(utilization)은 조직의 생산능력과 비교하여 얼마나 잘 생산하고 있는가를 확인하기 위한 것이다. 수식은 다음과 같이 정의할 수 있다.

$$이용률 = \frac{실제생산량}{유효능력}$$

예를 들면, 작년에 생산관리자가 초당 1개의 부품을 생산할 수 있는 새로운 설비를 구입하였고 이 설비의 성능을 평가하기 위해 지난 몇 달간의 실적을 조사하였다. 조사결과 1분당 40개의 부품을 생산하였다고 할 때 이 설비의 이용률은?

$$이용률 = \frac{40}{60} = 0.667 = 66.7(\%)$$

만일 설비가 새로 설치되었지만 다른 관련 설비가 낡았다고 할 때 생산라인은 1분당 50개의 부품만 생산된다고 가정하면 이용률은 달라진다.

$$이용률 = \frac{40}{50} = 0.80 = 80(\%)$$

1.4 규모의 경제(Economies of scale)

① 공장의 규모가 커져 생산량이 증가하면, 생산된 각 단위는 고정비를 흡수하므로 산출물의 단위당 평균비용이 감소하게 되는 현상을 의미한다.

② 평균비용의 감소를 의미하는 것으로 평균비용(AC)은 총비용(TC)를 산출량으로 나누어 계산한다. 따라서 산출량(설비)의 규모가 클수록 평균비용은 감소하게 된다.

③ 총비용은 변동비와 고정비로 구성되므로 산출량이 증가해도 고정비가 증가하지 않고 일정하기 때문에 산출량 증가만큼 총비용이 증가하지 않는다고 본다.

④ 일단, 규모의 경제가 달성될 경우, 원가우위를 통한 가격경쟁력을 확보할 수 있다고 보고 이 경우 시장의 진입장벽으로 작용할 수도 있다.

⑤ 규모 경제의 개념은 공장규모가 연간 100단위, 200단위, 300단위로 증가함에 따라 최적가동수준에서의 단위당 평균비용이 계속적으로 감소해 가는 현상을 말하는데, 연간 400단위 공장의 최적가동 수준에서의 단위당평균비용이 연간 300단위 공장의 그것보다 크면 규모의 비경제(disecomomies of scale) 현상이 나타난다.

⑥ 최적가동수준을 초과하여 생산하면 단위당 평균비용이 증가하는데 이 현상은 규모의 비경제가 아니라 초과작업, 설비의 부담증가 등의 이유로 나타나는 경우다.

⑦ 규모의 경제 또는 비경제란 개념은 각기 다른 규모의 공장을 최적가동수준으로 가동할 때의 단위당 평균 비용을 비교함으로써 얻어진다.

1.5 생산능력의 집중화(focused factory): 공장내 공장(plants within plants)

[1] 스키너(W. Skinner)

① 제한된 생산목표에 생산설비를 집중시켜 최적가동을 할 수 있다는 "집중화 공장" 개념을 주장하면서 생산설비가 매우 제한된 몇 개의 생산목표에 집중되었을 때 최적으로 가동된다는 집중화공장(focused factory)이란 개념이 제기되었다.

[2] 집중화 공장 의미

① 각 공장을 하나 또는 두 개의 특정 제품만 생산하도록 국한하여 생산활동을 단순화시킨 것이다. 경영자는 여러 가지 제품을 한 공장에서 동시에 생산할 때 발생하는 여러 가지 상충되는 문제를 피할 수 있고 생산관리 업무자체도 회사 전체의 목표에 가장 공헌할 수 있도록 제품마다 특성에 따라 소수의 명확한 목표(예: 원가, 품질,

신뢰도 등)에 중점을 두고 생산을 수행해 나갈 수 있다.

② 단위공장 내의 각 제품에 대해 독자적인 조직과 정책을 갖추어 최적가동수준 발견할 수 있다.

1.6 생산능력의 균형

완전하게 균형을 이룬 공장에서는 일반적으로 단계(stage)1의 산출량은 정확하게 단계2의 필요투입량이 되고 다시 단계2의 산출량은 단계3의 필요투입량이 되는게 완전균형이라고 할 수 있지만 이러한 생산능력을 설계하는 것은 어려운 일이다.

[1] 불균형의 이유

① 일반적으로 단계마다 최적가동수준이 다르다. 예를 들면, 부서 1은 월생산량이 90~110단위에서 가장 효율적으로 가동되는데 비해, 부서 2의 최적가동수준은 월간 75~80단위이고 부서 3의 최적가동수준은 월 간 150~200단위가 되는 경우가 된다.

② 제품수요와 공정자체의 변화가 적어도 단기적으로는 생산능력의 불균형을 야기시킨다.

[2] 생산능력의 불균형에 대처하는 방법

① 병목현상이 일어나는 단계에 잔업, 설비의 리스, 하도급 등의 일시적 방편을 통해 생산능력을 추구해 나간다.

② 완충재고를 이용하여 두 부서 간의 상호의존성을 줄여 나간다.

③ 다른 부서가 의존하고 있는 부서의 설비를 이중으로 보유한다.

1.7 시설계획과 재고정책의 관련성

① 여유 CAPA 보유 : 평상시 생산능력을 수요수준에 미치지 못하도록 확충시켜 나감으로써 비축재고를 두지 않는 방법이다.

② 비축, 잔업 적극 활용 : 약간의 생산능력 부족을 허용하며, 이를 비축재고 또는 잔업으로 메워나가는 방법을 의미한다.

2 생산시설에 관한 의사결정 절차

2.1 전략대안의 절차

생산시설의 전략대안을 구성하는 가장 중요한 두가지 요소는 시설의 규모(생산능력)와 입지에 있다고 할 수 있다.

[1] 시설규모 결정

① 설비능력은 생산시스템의 가능한 생산수준을 결정하므로 장래의 수요에 대응하기 위한 생산조직의 능력에 영향을 미친다.

② 대규모의 공장에서는 상대적으로 저렴한 단위제품당 원가로 제품을 만들 수 있다는 장점이 있다.

③ 설비능력을 결정하기 위한 문제는 새로운 설비의 최적규모를 결정하는 문제이다.

④ 공장이 위치하게 될 지역에 있어서의 잠재적 판매량에 대한 시장조사를 기초로 정하게 되는데, 취급하게 될 물량의 크기, 담당하는 지역의 넓이, 예상수요량 등을 가지고 총생산비용을 최소화시킬 수 있는 설비규모를 구하게 된다.

[2] 입지의 결정

① 입지결정에서 경영자의 궁극적 목표는 관련되는 모든 비용을 합했을 때 최소가 되도록 하는 것으로 그것을 위하여 경영자는 여러 방안들에 대해서 객관적 요인별로 비교해 볼 수 있다.

② 경영자는 여러 후보지에 대한 비용분석을 함으로써 단기적으로는 어떤 특정지역에 공장을 설립하는 것이 가장 유리하다는 것을 쉽게 판단할 수 있다.

2.2 전략대안의 평가

[1] 비용요인

전략대안의 결정에 있어 중요한 것은 비용요인이다. 비용요인이란 비용이나 이익으로 환산(계량화)할 수 있는 요인을 말한다. 예를 들면, ① 토지, 건물 및 설비비용, ② 원자재 반입, 완제품 반출 등과 관련한 수송비용, ③ 전기, 가스 등의 공공사업비용, ④ 세금 및 보험료 등이 해당된다.

[2] 질적요인

비용이나 이익으로 계량화하기는 어려우나 기업의 경쟁력에 중대한 영향을 미치는 요인(인건비 등)이다. 예를 들면, ① 고객과의 근접성으로 인한 수요창출 또는 서비스 제고 가능성, ② 지역기술 및 교육수준, ③ 주변 생활환경, ④ 시설투자자금 동원능력 등이다.

[3] 시설대안 평가 및 최적안 선정

생산시설에 관한 최종의사결정은 분석결과를 기초로 하여 최고의사결정자 또는 위원회를 통해 이루어진다. 비용요인과 질적요인 측면을 구분해서 종합적으로 평가하고 최적대안을 선택한다.

3 설비배치(Facilities layout)의 결정

일단 입지문제가 결정되면 정해진 입지의 공간속에서 합리적인 생산활동이 이루어질 수 있도록 설비 배치를 계획해야 한다. 가장 효율적인 배치는 각 생산 활동들 간의 유기적 관계를 고려하여 생산 활동이 가장 효과적으로 이루어질 수 있도록 작업자와 생산품의 이동을 최소화시키는 배치이다. 배치(layouts)에는 세가지의 기본형태가 있는데 이것들은 생산시스템의 형태와 대략 일치한다. 제품별 배치는 연속생산시스템에 적합하고 공정별 배치는 단속생산시스템에 이용되며, 고정형 배치는 프로젝트가 배치를 필요로 하는 경우 이용된다.

3.1 연속생산 시스템(제품별 배치, product oriented layout)

대량의 제품이나 고객이 시스템 내부를 원활하고 신속하게 흐르도록 하기 위해 이용한다. 기계설비와 작업장이 특정업무를 수행하는 순서에 따라 배치되며, 하나의 작업업무가 여러 개의 작업으로 분해되어 노동이나 기계의 전문화를 가능하게 한다. 품목들이 한 작업장에서 다른 작업장으로 쉽게 신속히 이동될 수 있으나 재공품이 최소로 될 수 있으나 작업들이 서로 밀접히 연결되어 있기 때문에 한 작업에서의 고장이나 불량은 전체시스템에 커다란 영향을 미치게 된다. 이것이 설비보전(maintenance)의 중요한 이유다. 이러한 시스템에서는 거액의 자본을 투자하여 설비시설을 하더라도 생산되는 산출물이 대량이므로 경제성이 있기 때문에 이 방식을 이용한다.

3.1.1 제품별 배치

전 생산공정이 단일의 제품이나 업무활동을 중심으로 이루어질 필요가 있을 때 주로 사용되며, 흐름생산공정(자동차공장의 조립작업, 대량생산체제의 공장, 징병검사장 등)에 사용된다. 흔히 흐름에 따른 생산으로 생산라인(product line) 또는 조립라인(assembly line)이라고도 부른다.

3.1.2 제품별 배치의 장점과 단점

[1] 장점

- 생산율이 높다.
- 대량생산에 의해 단위당 비용이 저렴한다.
- 노동의 전문화에 의해 훈련비용과 시간이 감소되고 감독의 범위가 넓어진다.
- 단위당 원자재 운반비가 낮고 동일한 순서로 작업을 진행하기 때문에 원자재 운반이 단순하다.
- 노동과 설비의 이용률이 높다.
- 회계, 구매, 재고 등의 통제가 명백하게 정규화 된다.

[2] 단점

- 노동의 전문적 분화에 의해 단순작업을 반복해야 하므로 지루하며, 승진의 기회가 적어 사기가 떨어진다.
- 미숙련 작업자는 설비의 보전이나 생산물의 품질에 별 관심을 갖지 않는다.
- 시스템이 생산량이나 제품 또는 공정설계의 변화에 융통성을 갖지 못한다.

- 시스템은 설비의 고장이나 불량에 의해 크게 영향을 받는다.
- 예방보전, 신속한 수선에 대한 능력 및 예비부품의 재고에 비용을 지급해야 한다.
- 개인의 성과에 대한 장려임금제(incentive wage plan)의 실시가 불가능하다.

3.2 단속생산시스템(공정별 배치, process layouts=기능별 작업장)

3.2.1 공정별 배치(process layouts)

다양한 처리내용을 포함하는 제품의 생산이나 서비스의 제공을 촉진하기 위해 설계되는 배치 방식이다. 유사한 작업이 한 부문이나 기능상 같은 집단으로 보아 처리되며, 단일 제품(업무)의 수요가 적어서 그것에 별도로 설비투자하는 것이 불리한 기계별 작업장 조직에서 사용된다. 동종의 기능을 갖는 모든 기계설비를 한곳에 모아서 그들의 각종 공정단위에서의 능률향상을 도모한다.

3.2.2 공정별 배치의 장점과 단점

[1] 장점

- 다양한 생산처리의 요구를 수용할 수 있다.
- 설비의 고장에 의해 특별한 영향을 받지 않는다.
- 범용설비는 제품별 배치에서 이용되는 전용설비보다 저가격이고 보전이 용이하며, 비용이 적게든다.
- 개인의 장려임금제도의 실시가 가능하다.

[2] 단점

- 경로와 일정계획의 문제가 계속 제기된다.
- 설비이용률이 낮다.
- 원자재의 운반이 늦고 비능률적이며, 제품배치의 경우보다 단위당 비용이 높다.
- 작업의 복잡성 때문에 감독의 범위가 좁아지고 감독비용이 높아진다.
- 각각 제품이나 서비스에 대해 특별한 주의가 요구되고 생산수량이 낮아 단위당 비용이 높다.
- 회계, 재고통제 및 구입이 재품별 배치보다 다소 어려움이 있다.

3.3 고정형 배치

작업할 제품이나 품목이 이동되지 않고 작업자, 원자재 및 설비가 이동한다. 따라서 이동해서 만들기 힘들거나(대형항공기), 움직일 수 없는 생산품(건물, 토목공사)인 경우 사용된다. 대형프로젝트를 수행하기 위해서는 다양한 작업활동과 광범위한 기술이 필요하기 때문에 이러한 작업활동을 조정하기 위한 일정이나 계획 등이 주요한 과제가 되 며, 통제의 범위가 대단히 좁아 다른 배치형태보다 관리상 더 큰 어려움이 있다.

3.4 컴퓨터에 의한 배치결정기법

[1] 배치결정문제의 복잡성과 규모가 매우 클 경우에는 이미 개발되어진 컴퓨터 패키지의 도움을 받을 수 있다. 이는 배치형태로 본다면 주로 공정별 배치에서 이용하고 있다.

[2] CRAFT

① 여러 가지 배치방법에 대한 비용을 점진적으로 계산하여 보아서 그 중에서 총운반비용을 최소화하는 배치방법을 선정한다.

② 이 프로그램에는 최소배치, 작업이동량, 자재취급비용 등 세가지의 자료가 입력된다.

[3] 배치문제에 이용되고 있는 어떠한 컴퓨터 프로그램도 배치계획의 결정을 도와주는 정도이며, 최적해를 보장해 주는 프로그램은 아직 없다. 그리고 배치문제의 결정에는 많은 경험적 지식에 의한 판단이 필요하다.

4 라인밸런싱(Line Balancing)

4.1 조립라인과 라인밸런싱

4.1.1 조립라인

헨리포드(Henry Ford)는 조립라인의 창시자로 1913년 자동차 조립라인을 처음으로 도입하였다. 바로 컨베이어 시스템이다. 이동조립라인은 12시간 이상 소요되는 T자형 자동차 차체의 생산시간을 1시간 30분으로 단축시켰으며, 조립라인(assembly line)은 대량생산이란 엄청난 수량의 제품이 짧은 기간안에 생산되는 것을 의미한다.

4.1.2 조립라인의 적용원리

[1] 순조로운 작업흐름

조립라인의 중요한 이점의 하나는 원자재나 재공품의 흐름이 순조로와야 하며, 규칙적인 작업흐름은 언제 어떤 재공품이 가공될 것인가를 파악할 수 있으므로써 재공품의 재고량이 최소화되고 재공품의 경로나 일정이 용이하게 결정된다. 조립라인의 단점은 한 공정의 고장이 다른 공정에 영향을 미친다는 점이며, 이를 대비하여 완충재고(buffer stock)를 흐름 공정의 어디엔가 보유하는 것이 좋다.

[2] 짧은 이동거리

조립라인은 흐름이 순조로울 뿐 아니라 제품의 이동거리가 최소화되어야 한다. 조립라인은 고정경로(fixed routing)를 가지기 때문에 컨베이어(conveyor)와 같은 자재이동을 위한 설비가 설치될 수 있다. 고정경로에서의 짧은 이동거리는 최소의 비용으로 최대의 이동량이라는 목표를 달성할 수 있다.

[3] 분업

분업은 그 자체로서는 대단히 유용한 것이지만 조립라인에서는 비판의 대상이 된다. 각 작업자는 어떤 특정한 작업에 배치되어 익숙해질 수 있는 장점이 있지만 권태감을 갖게 될 가능성이 높다는 단점을 지니기도 한다.

4.1.3 라인밸런싱

[1] 라인밸런싱의 의의

연속적이고 반복생산시스템에서의 설비배치는 제품별 배치로 흐름공정시스템과 조립라인으로 설명할 수 있다. 이러한 공정에서는 소요되는 작업을 여러개의 요소작업으로 분할함으로써 전용설비나 숙련도가 낮은 작업자가 신속하게 또 반복적으로 동일한 작업을 수행할 수 있도록 한다. 이렇게 분할된 요소작업은 일반적으로 몇 초에서 대략 15분 이내의 짧은 시간에 완료가 가능하고 작업이 단순하며, 짧은 시간이므로 한 작업만 하도록 하는 것은 불가능하다. 따라서 일반적으로 몇 사람의 작업자가 함께 작업할 수 있도록 완성품이나 서비스를 생산하기 위한 작업을 몇 개의 요소작업으로 나누고 이것들을 집단화하여 처리하도록 하고 있다. 이때 집단화한 작업들의 처리시간은 모두 균형을 이루는 것이 매우 중요한데 이것이 바로 라인균형화의 문제이고 라인밸런싱(line balancing)이라고 한다.

[2] 라인밸런싱의 목표

소요시간이 거의 균등하게 되도록 작업을 집단화시킴으로써 라인에 따른 유휴시간(idle time)을 최소화할 수 있고 노동이나 설비의 이용률을 높일 수 있다. 유휴시간은 각 작입장(집단화한 작업요소들을 행하는 곳)에서의 작업시간이 동일하지 않을 때 발생한다. 불균형화한 라인(unbalanced line)은 노동과 설비를 비능률적으로 이용한다는 측면에서 바람직하지 못하다.

Chapter

5

수요예측

1 수요예측의 중요성과 중요요인

1.1 수요예측의 중요성

[1] 수요예측의 개념

수요예측(demand forecast)이란 제품이나 서비스에 대한 미래의 고객수요를 추정하는 것이고 이 예측은 모든 생산활동을 수립하는 기반이 된다. 또한 수요예측은 계획생산이나 주문생산 등의 생산형태에 관계없이 모든 기업의 생산계획 및 재고관리에 관한 거의 모든 의사결정에 있어 필수적이며, 기업의 장·단기 계획을 수립하는데 기초자료를 제공하므로 중요성은 매우 크다. 수요예측은 무슨 제품을 생산하여야 하며, 고객이 얼마나 수요할 것인가, 수요가 언제 발생하게 될 것인가에 대한 방향을 제시하고 있다.

1.2 수요예측의 목적

수요예측은 생산계획 및 통제시스템에서의 여러 기능에 주요한 투입요소가 된다. 여기서 여러 기능은 예측내용을 자재요구, 부품목록, 인력요구, 일정계획 및 기타에 관한 의사결정으로 전환시키는 것을 말한다. 모든 계획은 기업의 계획기간에서 기대되는 기업의 수량을 예측 혹은 추정하는데서 비롯된다. 예측은 제품을 생산하거나 판매하는 데 직접 필요한 것이다. 예측의 정확도는 예측과 관련한 비용과 예측의 오류에서 발생하는 비용과 비교하여 결정되어야 한다. 예측은 판매목표가 아니라는 점을 이해함이 중요하다. [그림 5-1]은 예측과 생산관계를 도식화하였다.

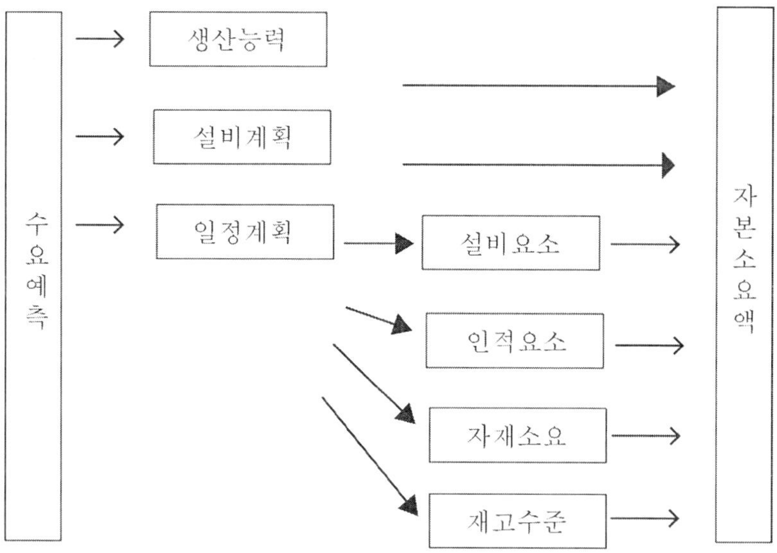

「그림」 5-1. 예측과 생산관계

1.3 수요예측의 형태

경영계획의 수준이 다르면 미래의 기업활동에 대한 추정형태도 달라져야 한다.

[1] 예측시장(market forecast)

연구개발이나 장기적인 시설확장을 위한 기초조사로 이용되는 것으로 1년 내지 20년에 걸친 예측이다.

[2] 재무예측(financial forecast)

미래의 이익을 추정하는 예측으로 현금흐름(cash flow)과 자금 필요액이 이것에 의해 결정된다. 재무예측은 대개 1개월에서 2년까지 예측되어지나 일반적으로 기업에서는 1년을 기간으로 잡는다.

[3] 판매예측(sales forecast)

단기의 판매를 위한 것으로 판매계획이나 기타 시장전략을 위해 작성된다. 대개 1개월에서 1년까지의 기간을 대상으로 하나 일반적으로 분기별로 예측한다.

[4] 생산예측(production forecast)

판매할 제품별 수요량을 추정하는 것을 의미한다. 계획기간(일반적으로 분기 또는 년)의 각 기(일반적으로 주 또는 월)별로 예측이 이루어진다. 총량의 예측에서 장기생산계획을 수립하게 되는데, 이것은 생산의 교대횟수, 작업 능력의 규모, 추가설비의 필요성, 하청 등과 같은 의사결정을 포함한다.

1.4 수요에 영향을 미치는 중요요인

어떤 특정기업의 총수요는 많은 요인들의 복합적인 산물로 특히 다음과 같은 요인의 영향을 받는다.

① 경기변동(회복, 호황, 후퇴 및 불황의 4국면에 따른 수요의 변화)에서 현재의 경제국면에 따라 수요가 달라진다.

② 제품수명주기(도입기, 성장기, 성숙기, 쇠퇴기)에서 제품이 어느 단계에 속하느냐에 따라 수요가 달라진다.

③ 품질 및 비상품적 요소(광고, 신용정책, 고객의 신뢰)에 따라 수요가 달라진다.

2 수요예측의 분류

2.1 예측기간에 따른 분류

보통 장기예측(2년이상), 중기예측(6개월에서 2년), 그리고 단기예측(6개월이내)으로 분류된다. 대개 2년 이상을 장기로 보고 1~6개월 정도는 단기로 분류하나 절대적인 분류는 아니다.

2.2 예측기법에 따른 분류

[1] 정성적 기법

정성적 기법(질적기법)은 개인의 주관이나 판단 또는 여러 사람의 의견에 의하여 수요를 예측하며, 주로 중, 장기예측에 많이 쓰인다. 대표적인 기업으로는 시장조사법, 델파이법, 위원회에 의한 예측법(패널동의법), 자료유추법(역사적 유추법) 등이 있다.

[2] 인과형 모형

인과형 모형은 제품(서비스)의 수요와 이에 영향을 주는 변수와의 관계를 수리적으로 나타낸 모델이다. 흔히 예측의 3단계는 첫째, 수요변화에 영향을 주는 변수들을 식별한다. 둘째, 변수간의 관계를 정립하고 관계식을 만든다. 셋째, 타당성을 검토한다로 표현된다.

[3] 시계열 분석

시간의 변화에 따라 측정된 과거의 자료로부터 그 추세나 경향을 알아서 장래의 수요를 예측하는 방법이다. 시계열의 요소에는 추세, 계절적 변동, 순환요인, 불규칙변동 등이 있다. 단기 및 중기 예측에 많이 쓰이며, 생산계획 및 재고관리에 유용한 분석 기법이다.

2.3 정성적 기법

[1] 델파이법(Delphi)

인간의 직관력을 이용하여 장래를 예측하려는 직관적 예측방법의 일종으로서 예측하고자 하는 대상의 전문가들에게 설문지로 일련의 가설적 장래사항을 따로 물어 전체의견을 수렴함으로써 예측치를 얻는다.

① 특징은 심리적 영향력을 배제하고 피드백 과정의 반복성을 가진다.

② 단점은 장기간, 고용비용 소요되며, 구성원 인선에 의해 결론이 크게 바뀔 수 있다. 그리고 구성원의 창의성을 자극할 수 없다.

③ 활용은 주로 예측의 불확실성이 크거나 자료가 빈약한 경우에 쓰이며, 생산능력 혹은 설비계획, 신제품개발, 시장전략 등을 위한 장기예측이나 기술예측에 적합하다.

[2] 시장조사법

설문지, 인터뷰 등 여러 가지 방법을 통해 소비자들의 반응을 조사하여 이미 설정된 가설을 검증하는 방법이다. 예측이 다른 정성적 기법에 비하여 정확한 편이나 매우 많은 시간과 비용을 필요로 하는 단점이 있다.

[3] 패널동의법

이해관계인(소비자, 판매원, 경영자, 개발팀 등)들로 구성된 패널들의 자유로운 토론을 거쳐 예측치를 구하는 방법이다.

[4] 역사적 유추법

기존의 제품 성장과정을 통해 신제품의 수요를 유추하는 방법이다.

2.4 인과형모형

[1] 회귀분석

변수간의 관계를 분석하여 독립변수와 종속변수간의 상관관계를 함수관계, 즉, 회귀식으로 만들어 알고 있는 독립변수의 변화로 종속변수의 변화관계를 알아내는 분석방법이다.

① 단순회귀분석은 독립변수 1개와 종속변수 1개로 구성된 모형을 의미한다.

② 다중회귀분석은 독립변수 여러개와 종속변수 1개인 모형을 의미한다.

[2] 상관분석

상관분석은 두 확률변수 x, y간의 관련성을 이들 변수들에 대하여 얻어진 데이터로부터 연구하는 통계적 분석방법이다. 두 변수간의 상관관계를 규명하려고 할 때 제일 먼저 산포도를 그려보는 것이 좋다. 산포도를 통해 두 변수간의 관계를 대략 추정할 수 있다.

① 상관계수의 범위는 $-1 \leq r \leq 1$이다.

② $r=1$이면 x, y간에 완전한 선형관계가 존재하며, 기울기가 양인 양의 상관관계이다.

③ 만약 $r=-1$이면 기울기가 음인 음의 상관관계이다.

[3] 회귀분석과 회귀선

회귀선은 회귀분석에서 독립변수(x)와 종속변수(y)의 함수관계, 즉 회귀식으로 만들어낸 선이다. 회귀선에 의해 x와 y가 추정되면, x에 의해 y가 추정된다.

① 회귀계수인 x와 y를 추정하는 데에는 최소자승법이 사용된다.

② 최소자승법이란 잔차의 합을 최소로 하는 통계적 방법을 말한다.

2.5 시계열분석

[1] 개념

시계열 분석은 시계열을 따라 과거의 자료로부터 그 추세나 영향을 알아서 장래를 예측하는 것이다. 시계열 분석의 방법은 지수평활법, 단순이동평균법, 가중이동평균법, 추세투영법, 박스-젠킨스법 등이 있다.

[2] 시계열의 구성요소

① 추세(경향변동) : 장기변동의 전반적인 추세로써 수요가 일정한 비율로 증감하는 경향을 나타낸다.

② 계절적변동 : 1년을 주기로 계절에 따라 되풀이되며, 추세선 상하로의 변동을 나타낸다.

③ 순환요인 : 일정한 주기 없이 보통 1년 이상 장기간에 걸쳐 사이클 현상으로 반복되는 변동으로 주로 경기변동이 있다.

④ 불규칙변동(우연변동) : 돌발적인 원인이나 불명의 원인에 의해서 일어나는 변동이다.

[3] 시계열분석을 이용한 중·장기 예측

① 중 · 장기 시계열분석의 절차

장래의 특정기간이 속해 있는 년도의 수요를 예측하기 위하여 추세선을 이용한다. 예측된 수요를 계절수로 나누어 평균계절 수요예측치를 구한다. 그리고 평균계절 수요예측에 계절지수를 곱해 특정기간의 수요치를 예측할 수 있다.

② 계절지수의 산출방식

일반적으로 지수는 어떤 특정시점의 수치를 기준으로 다른 시점의 수치를 백분율(%)

하는 것이다. 계절지수는 특정계절의 수요치를 평균계절 수요치로 나누어 구할 수 있다. 〈예제 5-1〉은 년도별 수요실적치를 토대로 평균계절수요와 계절지수를 산출할 수 있다.

예제 5-1

년도	계절	수요실적치	평균계절수요	계절지수
2003	봄	72	72.0	1.00
	여름	58		
	가을	69		
	겨울	88		
2004	봄	69	(A)	(B)
	여름	60		
	가을	66		
	겨울	84		

물음1. (A)에 들어갈 수치는? 답: 71.1 [(69/2+88+69+60+66/2)/4=71.1]

물음2. (B)에 들어갈 수치는? 답: 0.97 [계절지수는 69/71.1=0.97]

Chapter

6

총괄생산계획

1. 생산계획

생산계획은 계획기간에 따라 장기계획, 중기계획 및 단기계획으로 구분된다.

첫째, 장기계획은 공장입지, 설비배치, 설비구입에 관한 의사결정이 포함되며, 장기계획은 이를 실행하거나 실행을 중단하는데 1년 이상의 기간이 소요된다. 총괄계획은 중기계획에 속하는데 그 기간은 3개월에서 6개월 정도가 소요된다. 총괄계획은 장기계획의 제약하에서 계획되는 총체적인 생산에 관한 일정계획을 수립하게 된다.

둘째, 중기계획에 속하는 총괄계획에는 노동력의 크기, 재고량, 초과작업, 하청 등에 관한 의사결정이 주 내용이 된다.

셋째, 단기계획은 중기계획의 내용을 제약으로 하여 주별, 일별 또는 시간별로 생산계획을 수립하는 세부계획이다.

[1] 총괄계획

고객의 서비스 요구수준능력을 충족시키면서 재고유지비용과 생산율의 변동에 따른 비용의 합을 최소화하도록 총괄적인 재고와 생산수준을 계획하는 것을 의미한다.

[2] 분할계획

총괄적인 재고 수준과 생산율을 각 제품군으로 분할하는 계획을 세우게 되는데, 이때 분할된 양의 합은 총괄적인 양과 일치한다.

[3] 할당계획

제품의 생산에 소요되는 자원을 각 제품군에 할당하는 계획을 세우게 된다. (표 6-1)은 계획과 경영층과의 관계를 도식화하였다.

표 6-1. 계획과 경영층과의 관계

최고경영	장기계획(1년이상), R&D/신제품계획, 자본비용/공장입지
중간관리	중기계획(3~18개월), 판매계획/제품계획과 예산
업무관리자	단기계획(3개월 미만), 직무할당/주문처리, 일정계획/작업착수

2. 총괄생산계획

총괄계획이란 단일제품이나 제품군의 수요를 충족시키기 위한 중기의 일정계획을 수립하는 과정이다. 이 생산계획을 총괄계획이라고 하는 이유는 여러 제품들의 총체적인 내용을 계획하기 때문이며, 총괄계획을 생산계획이라고 부르기도 하는데 이 계획에는 수많은 매개변수들이 포함되지만 가장 핵심이 되는 매개변수는 계획기간의 각기에 대한 예측수용이다. 총괄계획은 생산활동 자체보다 다른 부문과 더 많은 논의가 따른다. 예를 들면, 작업자의 규모를 변경시키기 위해서는 인사부서와 협의하여야 하고 재고변화, 특히 재고부족은 마케팅부서와의 조정을 필요로 하며, 소요되는 자금은 재무, 회계부문과 상의해야 한다. 총괄계획은 이러한 상호교섭 때에 다른 부서와의 상호조정을 반드시 거치게 된다.

1 총괄생산계획의 결정변수표

제품이나 서비스에 대한 수요가 기간에 따라 변동하므로 이러한 변동을 어떻게 흡수하는냐 하는 것이 생산계획에서의 전략이다. 따라서 총괄생산계획은 생산율, 재고, 고용 및 기타의 통제가능변수를 전략적으로 조정함으로써 중기에 걸쳐 산출에 대한 수요에 응하기 위한 계획이다. 시설능력이 제한조건하에서 분기 또는 월의 단위기간별 수요를 충족시키기 위하여 총괄생산계획에서는 다음과 같은 결정변수를 사용할 수 있다.

1.1 노동인력의 조정

① 수요가 증가하거나 감소할 때 작업자를 추가하고 고용하거나 해고하여 생산능력을 조절하는 방법이다.

② 작업자의 고용이나 해고에는 선발, 교육훈련에 따른 비용이나 해고비용과 같은 큰 비용이 소요되며, 노사관계, 생산성, 종업원 사기 등에 큰 영향을 미치게 되므로 신중하게 대처할 필요가 있다.

③ 임시작업자의 채용에는 생산성과 품질을 유지하는 문제가 특히 고려되어야 할 것이다.

④ 장점은 가장 보편적인 방법이며, 특히 임시작업자를 채용할 경우 평균임금이 상대적으로 낮다.

⑤ 단점은 정규작업인력의 고용이나 해고에는 선발, 교육훈련에 따른 비용이나 해고비용이 소요되며, 임시작업자의 채용시는 생산성과 품질을 유지하는 것이 문제가 된다.

1.2 생산율의 조정

생산율의 조정은 작업량에 따라 잔업을 시키거나 생산라인을 중단시키는 방법이다.

① 생산능력에 비하여 작업량이 많을 때는 작업시간을 연장하여 잔업을 시키고 수요가 감소할 때는 안 팔리는 물건을 계속 만들어 놓는 것보다는 차라리 생산라인을 중단시키고 일을 일찍 마치는 것이 기업에 더 이익이 될 수도 있는 것이다.

② 잔업에는 보통 1.5배의 임률이 적용되고 있어서 경영자들이 이 방법에 대해 좋아하지 않는 경향이 있다고 하며, 작업자들도 정상적 노동시간을 대폭 초과하는 잔업시간 근무에는 거부감을 갖고 있다.

③ 장점은 시스템 자체내에서 조정이 가능하여 실행이 용이하다.

④ 단점은 잔업의 경우 평균임금보다 더 높은 임금을 주어야 하고 조업단축의 경우에는 이미 지불한 임금에 대한 기회비용이 발생하게 된다.

1.3 재고수준

제조기업에서 재고는 수요와 공급에 의한 생산시스템의 충격을 완화하는 완충작용을 한다.

① 재고수준이 생산시스템 조정의 중요한 전략변수이다.

② 제조기업은 수요와 공급의 완충적 작용을 위해 재고를 보유해야 한다.

③ 재고의 보유에 발생하는 관리비용에는 재고관리비, 그리고 현금 대신 재고를 보유하는 데 따르는 이자손실 등이 있다.

④ 재화를 생산하지 않고 서비스(용역)를 제공하는 기업의 경우에는 거의 대부분이 재고 형태로 보관하기가 불가능하다.

⑤ 장점은 수요와 공급의 완충적 작용을 함으로써 항상 수요가 변동하더라도 일정한 생산능력을 보유할 수 있다.

⑥ 단점은 재고관리를 위한 비용과 함께 현금 대신 재고를 보유함에 따른 이자손실

등 여러 가지 관련비용이 발생한다.

1.4 하도급

동일 제품생산이 가능한 타기업에 생산을 위탁하고 생산비를 지불하는 방식이다.

① 하도급을 준다고 하는 것은 동일한 제품을 생산할 수 있는 다른 기업에게 수수료(생산비)를 지불하고 제품제조를 위탁하는 것이다.

② 자체 설비 인력을 늘리거나 줄이지 않고서도 전체생산의 크기를 조절할 수 있다.

③ 단점은 생산을 통해 얻을 수 있는 이익의 상당부분을 하청기업에게 넘겨주어야 하는 단점이 있다.

④ 하청의 장점은 생산으로부터 얻을 수 있는 이익을 포기하는 대신에 여러 가지 불확실성에 따른 위험을 하청업자와 함께 나눔으로써 분산시킬 수 있다.

1.5 혼합전략

순수전략과 달리, 두 가지 전략이상을 복합적으로 사용하는 것이다. 순수전략은 전체생산의 크기를 변경해야 할 필요가 있을 때 노동인력, 생산율, 재고수준, 하도급 등의 전략 가운데 한 가지만을 선택해서 사용하는 방법이다. 혼합전략은 수요의 변동에 효과적으로 대응하는 방법이다. 고객에 대한 서비스 수준, 재고수준, 노동력의 안정적 유지, 관련비용 등을 모두 고려하여 효과적인 의사결정을 통해 총괄생산계획의 수립이 가능하다.

① 전략 혼합을 사용하여 생산시스템 자체에는 큰 충격을 주지 않고서도 급격한 수요의 변동에 효과적으로 대응할 수 있게 되는 전략이다.

② 총괄생산계획의 문제는 보다 폭넓게 종합적으로 고려되어야 하는 부분이다.

③ 특히 혼합전략은 기업의 목표에 맞게 전략적으로 결정되어야 하는 것이 중요하다.

2 총괄계획의 지침

2.1 기업의 정책

① 모든 총괄계획 활동은 기업의 목표에 근거를 둔다.

② 작업자의 고용이나 감원, 기업활동의 효과적 통제와 같은 중요한 정책사항의 결정은 기업의 목표와 직접적으로 관련되는 문제이다.

③ 총괄계획은 기업의 목표구조와 가치가 무엇인가를 인식하여 전반적인 생산활동을 유도해야 할 뿐만 아니라 마케팅, 재무, 공학 그리고 다른 부문과 산출에 대한 조정 작업도 해야 한다.

2.2 예측에 입각한 계획

① 수요에 대한 정확한 예측은 총괄계획의 기초를 형성한다.

② 기업은 좋은 예측기법을 개발하여야 하며, 수요의 변동은 항상 있는 현상이라는 것을 인식하고 이에 대처해야 한다.

③ 예측에 대한 통제, 타당성 검토 등이 항상 이루어져야 한다.

2.3 적절한 생산능력의 단위

① 개개의 설비능력이 항상 균형을 이루는 것은 아니며, 제품믹스는 시스템의 산출량을 감소시키는 방향으로 구성될 수도 있다.

② 총괄계획은 화폐단위보다는 생산 작업장에서의 가용작업시간, 생산단위 등의 직접적으로 관리 가능한 단위로 표시되어야 한다.

2.4 고용수준의 안정

① 고용수준의 안정은 기업이 사회에 대한 책임을 점점 중요하게 인식함으로써 더욱 중요한 목표가 되고 있다.

② 인적 자원은 특별한 관심이 요구되는 고유의 내적가치를 가지며, 조직의 가장 가치 있는 자산이다.

③ 고용자들이 직업의 계절적인 수요를 만족키 위해 고용된다면 기업은 그들을 고용하기 전에 그들 고용의 일시적인 성격에 대하여 충분한 설명을 하여야 한다.

2.5 효과적인 재고관리

① 재고관리는 효율적인 생산관리를 위하여 매우 중요한 기능이다.

② 원자재 재공품, 완제품의 총괄적인 수준을 알아야 하는 관리층의 입장에서도 재고파악은 매우 긴요하다.

2.6 변화에 대한 신축성

① 기업활동에서 변화는 필연적으로 수반하는 것이므로, 변화에 대한 신축성은 생산관리의 주요개념이다.

② 회사는 가능한 한, 공정의 마지막까지 부분품을 표준화시켜 폭넓게 사용함으로써 신축성을 향상시킬 수 있다.

2.7 수용에 대한 통제된 반응

① 수용에 대한 통제된 반응은 수요변동이 실제로 어떤 경향을 나타내더라도 생산공장에서의 생산량은 이와 동등하거나 또는 더욱 큰 변동을 나타내지 않도록 관리되어야 한다.

② 거시적 관점의 시뮬레이션모형인 산업동태학을 1956년에 고안해 낸 포리스터를 비롯한 여러 사람들에 의해 연구된 시뮬레이션에 의해서 공장, 도매상, 소매상의 생산분배시스템에서 주문점이 사용될 경우 연속적인 지연과 연결효과를 가진다는 사실이 발견된 것에 근거하고 있다.

③ 산업동태학에서의 연구에 의하면 일반적인 재고수준의 조절에 의해 소매상에서의 10% 증가는 수요정보가 공장으로 되돌아올 때, 40% 이상 증가된 것으로 나타날 수 있다고 한다.

④ 소매상이 보유한 재고가 없어지면 다시 주문을 시작하고 이와 같은 순환은 계속 이어진다.

2.8 계획 적합성의 평가

① 계획을 수립하는 노력은 그 계획에서 하고자 했던 일을 해내지 못하게 될 때 무가치하게 된다.

② 관리는 총괄계획시스템 하에서 이루어져야 한다.

③ 총괄계획의 범위내에서 활동의 실제수준이 계산되고 적시에 정확한 방법으로 필요한 자료가 생산관리 부문에 제공되어야 하며, 실제와 계획수준 사이의 비교가 이루어져야 하고 아울러 이에 대한 수정이 이루어져야 한다.

3 총괄계획 기법

총괄생산계획을 위하여는 통제가능변수를 적절히 조정함으로써 합리적인 계획을 수립하게 된다. 총괄생산계획의 목적중 하나는 이용가능한 자원을 이용하여 최저의 비용으로 수요를 충족시키는 것이며, 다른 하나는 안정된 노동력 수준을 유지시키는 것이다. 이러한 목적을 달성하기 위하여 다양한 모형이 개발된다.

3.1 도시법에 의한 총괄계획

도시법은 생산계획을 도표로 나타내어 최소비용을 얻을 수 있도록 균형화를 통해 계획을 조정하는 방법인데 사용하기가 쉽기 때문에 가장 많이 이용된다. 총괄생산계획 중 가장 일반적으로 사용되며, 대안별 생산계획표를 작성하여 대안별 종합평가를 실시한다.

[1] 도시법의 방법

① 각 기간 동안의 수요를 결정한다.

② 각 기간 도안 정규시간근무, 연장시간근무 및 하청에 대한 능력이 얼마인지 결정한다.

③ 노동비, 해고비용, 재고유지비용을 조사한다.

④ 노동자나 재고 수준에 적용할 수 있는 회사정책을 고려해야 한다.

⑤ 대체안을 개발하고 그들의 총비용을 조사한다.

예제 6-1

어느 기업은 향후 6개월에 걸쳐 아래와 같은 수요예측을 하고 있으며, 월간 평상생산능력은 800unit, 월간 작업생산능력은 400unit이며, 단위작업비용은 10만원, 월간 단위재고비용은 4만원이며, 생산품의 특성상 하도급은 불가능하다.

[판매예측]

월	9	10	11	12	1	2	계
수요량	550	600	700	850	1,000	900	4,600

① 대안1 : 생산량변동(무재고 정책)

단위: unit, 원

구분/월		9	10	11	12	1	2	계
수요		550	600	700	850	1,000	900	4,600
생산	평상	550	600	700	800	800	800	4,250
	잔업	0	0	0	50	200	100	350
재고※		0	0	0	0	0	0	0
비용	잔업	0	0	0	500	2,000	1,000	3,500
	재고	0	0	0	0	0	0	0
	계	0	0	0	500	2,000	1,000	3,500

※ 당월재고 = 전원재고 + 당월생산 - 당월수요

② 대안2 : 재고비축정책(무잔업 정책)

단위: unit, 원

구분/월		9	10	11	12	1	2	계
수요		550	600	700	850	1,000	900	4,600
생산	평상	600	800	800	800	800	800	4,600
	잔업	0	0	0	50	200	100	0
재고※		50	250	350	300	100	0	0
비용	잔업	0	0	0	0	0	0	0
	재고	200	1,000	1,400	1,200	400	0	4,200
	계	200	1,000	1,400	1,200	400	0	4,200

※ 당월재고 = 전원재고 + 당월생산 - 당월수요

③ 대안3 : 생산량 변동 및 재고비축 정책

단위: unit, 원

구분/월		9	10	11	12	1	2	계
수요		550	600	700	850	1,000	900	4,600
생산	평상	550	600	800	800	800	800	4,350
	잔업					150	100	250
재고※		0	0	100	50	0	0	150
비용	잔업	0	0	0	0	1,500	1,000	2,500
	재고	0	0	400	200	0	0	600
	계	0	0	400	200	1,500	1,000	3,100

※ 당월재고= 전원재고+당월생산-당월수요

④ 대안별 종합평가 : 대안3이 가장 좋음.

• 세 개의 대안을 비교할 때 혼합적인 대안인 3이 3,100만원으로 가장 비용 최소활를 실현할 수 있다. 하지만 총괄생산계획은 단지 비용 최소화뿐만 아니라 고용수준의 안정화, 예기치 않은 미래수요에 대비한 생산능력의 보유 등 비용 외적요인에 대한 고려도 병행되어야 하므로 결국 앞의 전략대안의 평가절차를 준용함이 바람직하다.

• 대안별 종합평가표

구분/월	1	2	3
비용요인 (추가비용)	3,500	4,200	3,100
질적요인	예기치 못한 미래 수용에 대비능력 의문시 잔업과다	생산평준화 달성 예기지 못한 미래 수용에 대한 능력 약간 보유	약간의 생산평준화 미래수요 대비능력 약간 보유

• 대안별 종합평가표에 의해 종합적으로 평가하여 최적대안을 선택할 경우, 최종결정은 의사결정자의 성향이나 비용요인과 질적 요인의 상대적 비중에 의해 좌우될 수 있을 것이다.

4 기타 총괄계획기법

4.1 수송모형을 이용한 총괄생산계획

[1] 일정한 제약조건 아래서 한정된 자원을 할당하는 문제를 해결하기 위한 대표적 기법은 선형계획법이다.

[2] 1956년 보우먼(E.H.Bowman)이 개발했다. 보우먼은 선형계획법(LP)의 수송계획법으로 생산계획을 수립하는 방법을 개발하였는데 이것이 대표적인 수리적 모형으로 인정받고 있다. 수송모형은 대규모의 생산계획문제를 해결하기 위해 널리 사용되는 기법이다. 제품에 대한 공급처로부터 수요처까지의 단위당 물자수송비가 알려져 있을 때, 총수송비를 최소로 들어 공급처의 공급능력내에서 수요처의 수요량을 충족시키는 방법을 모색하는 것이다. 즉, 어떤 공급처에서 어떤 수요처로 얼마의 물자를 보내는 것이 수송비가 가장 적게 드는가를 파악하는 문제이다.

① 모형에서 공급은 정상작업시간, 초과작업시간, 하청계약에 의해 공급 가능한 수량과 현재의 재고 등 두가지고 구성되고 있다.

② 수요는 각 기간별 수요에 계획한 기말재고량을 더한 것으로 구성한다.

③ 특정기간에 대한 생산단위비용과 재고유지비용은 수송계획문제에서의 단위당 수송비용과 똑같이 취급되어 행렬격자내의 작은 칸 안에 기록되며, 근무시간별 생산능력과 각 기간별 수요는 우변상수로서 제약조건이 된다.

[3] 수식화

수송모형은 총수송 비용식을 공급처 제약식($\sum_i Xij = Sj$)과 수요처 제약식($\sum_i Xij = Dj$)을 이용해서 수송비용을 최소화 하는 것이다. ($\sum_i Xij = Dj$)는 수요처별 수요가 충족되어야 함을 나타내는 식이다.

[4] 선형계획모형으로 정식화

min C
= 10X11+12X12+16X13+9X21+7X22+12X23+8X31+16X32+18X33

〈공급처의 제약〉
X11+X12+X13 = 80
X21+X22+X23 = 80
X31+X32+X33 = 40

〈수요처의 제약〉
X11+X21+X31 = 50
X12+X22+X32 = 100
X13+X23+X33 = 50

예제 6-2 수송계획표

공장 \ 점포	b1점포	b2점포	b3점포	공급량
a1공장	10 X_{11}	12 X_{12}	16 X_{13}	80
a2공장	9 X_{21}	7 X_{22}	12 X_{23}	90
a3공장	8 X_{31}	16 X_{32}	18 X_{33}	40
수요량	50	100	50	200

단, Xij = 0

[5] 수송문제의 풀이 단계

① 최초 실행가능 기저해를 구하는 단계이다. 주로 북서코너법. 보겔법(기회비용고려)이 사용된다. 다음 예는 북서코너법에 의한 풀이 단계이다.

예제 6-3 북서코너법

북서코너법은 글자 그대로 수송표의 북서쪽의 구석부터 최초로 할당한 다음 대각선 방향으로 차례로 할당해 나가는 방법이다.

공장 \ 점포	b1점포	b2점포	b3점포	공급량
a1공장	10 / 50	12 / 30	16	80
a2공장	9	7 / 70	12 / 10	90
a3공장	8	16	18 / 40	40
수요량	50	100	50	200

② 최적해를 구하는 단계(디딤돌법, 수정배분법)

예제 6-4 디딤돌법

최초 실행가능 기저해가 최적해인가를 판별하기 위해 할당되지 않은 칸에 대해 각각 일일이 한 단위를 할당한다. 그 결과 총비용에 (-)효과를 가져오는 칸들이 있는가 알아본 다음 (-)칸들이 있으면 이들 중 최대의 (-)효과를 낸 칸에 할당하여 최적해로 개선해 나간다.

4.2 선형결정기법(Linear Decision Rule)

[1] 내용

① 총괄생산계획모형 가운데서 이론적인 중요성을 가장 인정받고 있는 모형이 선형결정기법으로서 흔히 LDR로 불리고 있다.

② 계획된 생산기간 동안의 생산율과 작업인력의 크기를 결정하기 위한 모형으로서 홀트, 모디글리아니, 무스, 사이몬 등에 의해 개발되었다.

③ HMMS의 연구팀에 의해 1955년 개발되어 발표되었다.

④ LDR에서는 생산과 관련되는 비용을 크게 네 가지 범주로 구분하고 각 비용을 2차함수 또는 1차함수고 가정한다.

⑤ 총비용은 정규직 임금+고용 및 해고비용+초과 작업시간비용+주문지연, 재고, 준비비용의 합이다.

⑥ 총비용을 최소화시키는 점을 찾으려면 미분을 해야 하므로, 비록 2차 함수로 가정되었으나 미분하면 1차함수로 되어 '선형'이라는 이름이 붙게 된다. 예측수요량, 현재생산능력, 과거의 재고수준 등에 관한 변수가 LDR에 포함된다.

[2] 문제점

① 2차 함수의 가정을 전제로 하고 있어서 실제적 상황에 적용하는 데 크게 제한을 받는다.

② 비용도 많이 들어간다.

③ 실행에 옮기는데 비현실적인 수치가 나올 수도 있다.

[3] LDR의 일반적 모형

Carnegie 연구팀이 사용한 선형결정규칙의 일반적인 형태는 다음과 같다.

$$P_t = (aF_t + bF_{t+1} + \cdots + lF_{t+n}) + mW_{t-1} + nI_{t-1} + p$$

$$W_t = (qF_t + \cdots + wF_{t+n}) + xW_{t-1} + yI_{t-1} + z$$

$a,\ b, \cdots z$: 상수 　 P_t : t기의 생산율 　 W_t : t기의 노동인력

I_t : t기의 기말재고 　 F_t : t기의 예측수요

먼저, LDR을 실제 회사에 적용하려면 반드시 새로운 자료를 수집해야 하고 새로운 의사 결정규칙을 유도하여야 한다. 그러나 일단 LDR을 적용한 뒤에는 매달 초에 두 개의 단순한 방정식을 풀기만 하면 의사결정규칙을 구할 수 있기 때문에 용이하게 계획을 수립할 수 있다.

4.3 휴리스틱(heuristic) 기법(과학적인 시행착오법)

[1] 휴리스틱 기법

① 최적화에 의한 방법과 상대가 되는 용어로서 처음부터 끝까지 모든 과정을 수학적인 해결에 의존하지 않고 해결과정 속에 인간의 직관력이나 경험을 활용할 수 있도록 여지를 남겨 놓은 방법이다.

② 일정한 결정기준을 사용하여 복잡한 문제를 단순하게 만들어서 문제의 해결을 도모하기 방법이다.

③ 휴리스틱기법에 의해 얻어진 답은 최적해라는 보장은 없다.

[2] 휴리스틱기법의 유형

① 경영계수모형(management coefficient rule)

대표적인 휴리스틱기법으로 보우먼에 의해 제한된 경영계수모형은 생산계획의 수립을 경영자의 지난 행적에 기준을 두고 계획할 수 있다는 생각에서 시작되었다. 대표적인 휴리스틱기법으로 생산계획은 경영자의 행적을 분석하여 경영자의 안정적이지 못한 행동을 없앰으로써 수립하겠다고 계획하는 모형이다(보우먼, Bowman이 제안).

② 탐색결정기법(SDR: search decision rule)

매개변수 계획법이라고도 하는데 작업자 수 및 생산율에 대한 두가지 결정법을 찾아내는 모형이다. 컴퓨터의 이용이 기본적 전제로 되어 있는 기법으로 터버트(Taubert)가 개발하였다.

Chapter

7

생산일정계획 (Master Production Schedule : MPS)

1 총괄계획과 일정계획

첫째, 일정계획의 목적은 조직의 목적을 달성하기 위한 가용생산능력의 효율적 내지 효과적 사용에 있다.

둘째, 총괄계획의 목적은 일정계획을 위해 획득해야 할 자원(인력, 장비 및 공간)을 정하는데 있다.

1.1 일정계획(Master production schedule: MPS)

1.1.1 생산 일정계획(MPS)

[1] 개념

일반적으로 생산계획은 장기계획, 중기계획 및 단기계획으로 구분할 수 있고 장기계획(long-range planning)에서는 능력계획이 중요한 내용이 되며, 장기계획에는 공장입지(location), 설비배치(layout), 설비구입(equipment purchase)에 관한 의사결정이 포함된다. 장기계획은 이를 실행하거나 실행을 중단하는데 1년 이상의 기간이 소요된다. 반면에 총괄계획(Aggregate planning)은 중기계획(medium-range planning)에 속하는데 그 기간은 3개월에서 6개월이다. 이 계획은 장기계획의 제약하에서 계획되는 총체적인 생산에 관한 일정계획을 수립하는 것이므로 전반적인 생산계획이란 관점에서 수립되는 것이기 때문에 생산에 관한 세부적인 일정계획을 수립하지 않는다. 반면에 일정계획은 단기계획(short-range planning)으로 중기계획의 내용을 제약으로 하여 주별, 일별 또는 시간별로 생산계획을 수립하는 세부계획이다. 일정계획의 내용은 가용생산능력이나 자원을 작업, 활동, 과업 또는 주문에 효율적으로 할당하는 계획을 포함한다. 생산시설계획이나 총괄계획에 의해 결정된 가용자원의 사용계획이므로 생산계획의 마무리 단계이며, 일정계획은 3~6개월을 대상으로 하는 중기(medium-range)의 생산계획을 실행하기 위한 것이다.

[2] 구분

① 일정계획의 목적은 가용할 수 있는 생산능력의 효율적이고 효과적으로 이용하기 위함이다.

② 총괄계획의 목적은 일정계획의 원활한 수행을 위한 인력, 장비 등의 자원을 획득하는 것이다.

총괄계획	일정계획
▪ 전품목에 대한 생산량을 총체적으로 표시 ▪ 단위기간을 1개월 정도로 함	▪ 품목별로 표시함 ▪ 단위기간을 1주일 또는 1일로 함

③ 일정계획의 구체적 내용

일정계획은 라인생산시스템, 단속생산시스템 및 프로젝트의 일정계획으로 나누어진다.

[3] 일정계획의 과정

일정계획은 어떠한 작업이 어디에서 언제 이루어져야 할 것인지에 대한 시간계획으로 일반적으로 5가지 과정으로 구성되어 있다.

① 경로계획(routing)은 작업이 어디에서 수행되어야 할 것인가에 대한 결정이다.

② 일정계획(scheduling)은 작업이 언제 수행되어야 할 것인가에 대한 결정이다.

③ 작업착수(dispatching)는 작업시작을 위한 발주를 의미한다.

④ 작업통제(control)는 작업이 계획에 따라 진행되고 있는 가를 감시하는 과정이다.

⑤ 작업촉진(expediting)은 작업의 완료시점을 개선하는 과정이다.

여기서 핵심적인 기능은 경로계획과 일정계획이고 이 두 가지가 결합되어 어느 공정에서(경로계획), 언제(일정계획), 어떤 작업이 이루어져야 하는지를 지시하게 된다.

1.2 라인생산시스템의 일정계획

[1] 라인생산시스템

① 라인생산시스템은 조립라인과 같은 반복생산시스템이나 장치산업과 같은 연속생산시스템을 말한다.

② 라인생산시스템에서는 제품이 한 작업장에서 다음 작업장으로 원활하게 흘러가기 때

문에 일정계획에 관한 문제는 적어도 부분적으로는 공정설계에 의해 결정된다.

③ 라인생산시스템에서는 한 생산라인에서 여러 가지 생산하는 경우에만 일정계획 문제가 발생한다고 볼 수 있다.

[2] 라인변경

① 라인변경의 개념은 다른 종류의 제품이 동일한 생산라인에 만들어지는 경우에는 각 제품은 일반적으로 큰 배치(batch)량으로 생산되며, 다음 제품의 생산을 위한 라인변경이 필요하게 된다.

② 라인변경의 예를 보면, 한 모델에서 다른 모델로의 라인변경에 비용이 많이 드는 에어컨, 냉장고, 전자레인지, 난로, 타이어 등을 들 수 있다.

③ 라인의 생산능력을 각 제품에 할당하는 문제와 각 제품의 생산순서를 결정하는 문제를 수반하며, 의사결정을 위하여 사용될 수 있는 가장 간편하고 이해하기 쉬운 도구로서 간트차트를 들 수 있다.

1.3 단속생산시스템의 일정계획

[1] 단속적 또는 개별주문생산시스템으로 고객의 주문에 따라 다양한 제품을 소량으로 생산하는 시스템을 말한다.

[2] 각각의 주문은 각기 다른 작업흐름의 패턴을 취하며, 잦은 작업시작과 작업중단을 요하기 때문에 라인 생산시스템과는 달리 작업흐름이 불규칙적이고 원활하지 못하다.

[3] 단속생산시스템의 특징

① 고정별 설비배치가 적당하며, 각각의 주문은 생산요건에 따라 각기 다른 순서로 작업장 간을 이동하게 된다.

② 주문마다 생산완료일정, 작업순서, 투입자원, 가공형태, 납기 등이 다르게 된다.

③ 다양한 제품이 소량으로 생산되며, 주문마다 작업흐름이 다르고 단속적이기 때문에 일정계획 및 통제가 상당히 복잡하다. 따라서 일정계획 대부분의 내용과 기법은 단속생산시스템을 대상으로 하고 있다.

[4] 공정별 배치의 일정계획

공정별 배치는 다품종 소량생산체제의 주문생산형태의 설비배치 기법이므로 단속생산시스템하의 일정계획은 공정별 배치의 일정계획이라고 할 수 있다.

[5] 롯트(lot) 생산에서의 일정계획과 비교

① 롯트(lot) 생산시스템에서의 생산수량은 대량생산시스템의 표준화된 제품형태의 생산수량과 개별생산시스템에서의 주문생산량시스템의 생산수량 사이에 위치하고 있다.

② 대량생산시스템의 경우와 같이 롯트 생산시스템에서는 표준제품을 생산하는 것이 전형적이다. 하지만 연속, 반복생산처럼 수량이 많지 않으므로 단속적으로 제품을 생산하는 것이 경제적이다. 따라서 이 시스템에서의 작업장은 주기적으로 작업내용을 달리하고 개별 단속생산의 경우와 비교할 때 생산규모는 상대적으로 크다고 할 수 있다.

1.4 작업장 일정계획

1.4.1 작업장 일정계획

작업장 일정계획(job shop scheduling)은 유사한 설비나 작업자를 사용하는 작업에서의 일정을 계획하는 과정이다. 작업장의 상황은 다음과 같이 구분할 수 있는데 먼저 작업 대상물이 가공을 받으러 작업장에 도착하고 작업장에는 여러 가지 공정이 있으며, 각 공정에는 여러 가지 다른 기계가 존재하고 다른 작업자가 각 공정에 배치될 수 있다. 이때 각 작업자를 어느 공정에 배정할 것인가에 문제가 발생한다.

1.4.2 작업의 특성

작업장 일정계획은 작업 자체의 특성에 따라 달라지는데 작업은 세가지 중요한 특성을 가진다.

[1] 흐름의 패턴

모든 작업이 동일한 흐름패턴(pattern of flow)을 가지지만, 다른 경우에는 각 작업이 각자의 흐름패턴을 가진다. 전자를 흐름작업장(flow shop)이라고 하고 후자의 상황을 무작위 경로작업장(randomly routed job shop)이라고 부른다. 무작위 경로작업장은 흐름작업장보다 분석이 더욱 어렵고 분석을 위해서는 더 많은 정보가 요구된다.

[2] 기계사용시간

작업장 일정계획에서는 각 공정에 소요되는 작업시간의 길이는 사전에 알려져 있다고 가정한다. 실제로 일정계획은 기계사용시간(machine usage time)에 근거하며, 기계 사용시간이 알려져 있지 않은 경우에는 작업장 일정계획문제로 취급하지 않고 대기행렬문제(queueing problem)로 취급한다.

[3] 대부분의 경우 각 작업에 대한 납기일(due date)이 주어지는데 납기일은 계약에 의해 정해지는 경우도 있고 하나의 목표로 정해지기도 한다. 납기일이 지켜지면 장려금이 주어지고 납기일이 지켜지지 않으면 지연된 날짜에 대해 범칙금(penalty)이 주어진다.

2 간트도표(Gantt chart)의 이용

2.1 내용

1916년 간트(Henry Gantt)는 막대그래프로 작업시간을 표시하는 단순하면서도 명쾌한 방법을 개발하였다. 간트차트는 프로젝트의 일정과 작업일정을 표시하는데 유용한 방법을 제시해 준다. 간트도표(Gantt chart)를 이용한 일정계획방법은 컴퓨터를 이용한 일정 계획법을 사용하는 오늘날까지도 계속 이용되어지고 있다. 작업계획과 실제의 작업량을 작업일정이나 시간으로 견주어 평행선으로 표시하여 계획과 통제기능을 동시에 수행할 수 있도록 설계된 막대도표이다.

① 간트도표를 개량하기 위하여 기계화 시키거나 자석을 붙여 도표와 상황판 등이 이용되고 있다.

② 컴퓨터의 보급과 이를 이용한 최신자료의 활용 등으로 인하여 그 사용빈도가 감소되고 있다.

③ 일정계획문제는 매우 복잡한 것이어서 이런 컴퓨터 프로그램도 반드시 최적의 방법이

란 보장은 없으나 널리 사용되고 있다.

2.2 장점

① 이해하기 매우 쉽다.

② 관계되는 현재상황이나 미래상황을 빨리 나타내 줄 수 있다.

2.3 간트도표(Gantt chart)의 형태에 따른 분류

간트도표는 이해가능성이 높으며, 현재의 상황이나 미래상황을 빨리 나타내는 장점이 있다.

① 계속되는 계획을 나타내는 작업진도표

② 작업자나 기계에 할당된 작업부하도표

③ 실제작업시간이나 작업의 지연상태 등을 기록하는 데에 이용되는 기록도표

④ 다음 그림은 각 작업장에서 특정작업 할당을 도식한 것이다.

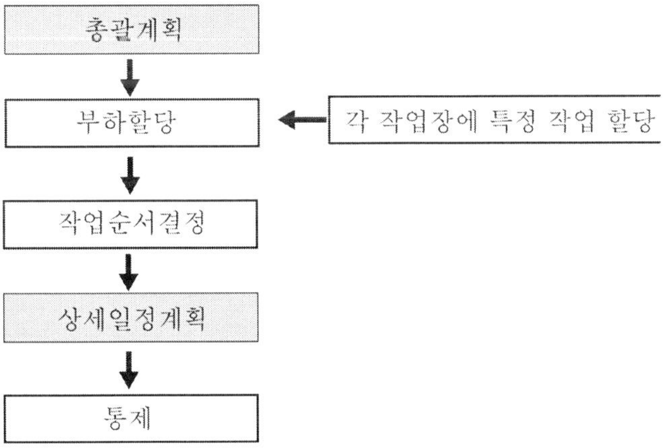

간트도표는 부하할당 단계에서 작업장별 작업량 할당을 결정한다. 즉 간트도표는 부하할당에 쓰이는 간트차트이다. 작업부하도표는 계획된 작업량, 정비시간, 주요 기계의 작업지연시간과 남아있는 일 등을 나타낸다. 또한 간트도표는 계획과 실제의 작업량을 작업일정이나 시간으로 견주어서 횡선으로 표시하여 계획과 통제기능을 아울러 수행할 수 있도록 마련된 일종의 봉도표(bar chart)이다.

3 작업우선순위의 결정

3.1 일정계획의 평가기준

일정계획은 연속생산 및 반복생산의 경우보다 주문생산의 경우에 훨씬 힘들다. 따라서 주문생산의 경우 어느 작업부터 수행해 나갈 것인지를 결정짓는 것이 중요하다. 일정계획의 작성에 앞서 일정계획을 평가하고 비교할 필요가 있는데, 개별적인 작업의 경우 그 작업은 여러 가지 방법으로 성과가 평가되는데 일반적인 판단기준은 작업흐름시간(job flow time)과 납기일(due date)이 사용된다. 작업흐름시간은 작업완성시점에서 작업투입시점을 차감하여 계산하고 납기일은 납기일 전에 완성되었느냐 그렇지 않았느냐로 답하는 것이다. 납기일이 주어져 있지 않은 경우는 흐름시간(flow time)이 가장 적절한 척도가 된다.

3.1.1 단일기계에서의 작업순서계획

한대의 기계를 사용하는 작업의 순서계획은 비교적 단순하다. n개의 작업이 한 대의 기계로 가공되는 경우를 생각할 때 각 작업은 처리시간이 정해져 있고 만기일이 주어져 있다고 가정한다.

[1] 우선순위 규칙

① 선착순 규칙(FCFS, First Come First Served)은 먼저 도착한 작업을 먼저 수행한다.

② 최단처리시간 규칙(SPT, Shortest Processing Time) 은 최단작업시간을 갖는 작업을 먼저 수행한다.

③ 최소납기일 규칙(Earliest Due Date)은 납품일이 가장 빠른 작업을 먼저 수행한다.

④ 최소여유시간 규칙(LST, Least Slack Time)은 여유시간이 가장 짧은 작업부터 먼저 수행한다. (표 7-1)은 작업 우선순위 규칙의 장·단점을 요약하여 제시해 두었다.

⑤ 긴급률 규칙이 있으며, 이것은 여유시간이 짧은 작업부터 먼저 수행하는 것이다. 여기서 여유시간은 납기일까지 남아 있는 시간에서 잔여처리시간을 뺀 시간이며, 긴급률은

현재부터 납기일까지 남아 있는 시간을 잔여 처리시간으로 나눈 비율을 의미한다.

표 7-1. 작업 우선순위 규칙의 장 · 단점

구분	장점	단점
FCFS	간편하고 공정하다.	긴급주문에 대응하기 곤란하다.
SPT	평균작업완료시간을 최소화 한다.	작업시간이 긴 주문은 장기체납될 우려가 있다.
EDD	최소 납기일로 단기납품이 가능하다.	작업시간이 긴 경우 지체될 수 있다.
LST	장기체납을 방지한다.	공정성이 없다.

[2] 목표에 따른 규칙 선택

작업 우선순위에 따른 규칙의 장단점에 이어 규칙별 목표에 따른 규칙을 선택하는 것 또한 중요하다.

① 평균작업 완료시간의 최소화를 위해서는 최단처리시간규칙(SPT)을 사용하는 목표를 가진다.

② 납기지연을 최소화 해야 할 경우에는 최소납기일 규칙(EDD)과 최소여유시간 규칙(LST)을 사용한다.

③ 고객에 대한 공정성을 목표로 할 경우에는 선착순 규칙(FCFS)을 사용목표로 수립한다.

[3] 작업순서의 효율성 평가기준

① 총완료시간은 최종작업이 완료되는 시간을 말하며, 짧을수록 좋다.

② 평균완료시간은 짧을수록 좋다.

③ 시스템 내 평균작업수는 작업장 내에 머무는 작업수가 많을수록 보관장소가 더 많이 필요하고 작업장 내부가 혼잡해지기 때문에 효율성이 떨어지게 된다.

④ 평균납기지연은 작을수록 좋다.

⑤ 유휴시간은 작업장, 기계 또는 작업자의 유휴시간은 짧을수록 좋다.

⑥ FCFS와 SPT는 SPT규칙에 의할 경우 타규칙보다 작업의 평균완료시간이 줄어들며, 공정성의 측면에서는 FCFS규칙이 SPT 규칙보다 우위에 있다고 볼 수 있다.

예제 7-1

선착순규칙(FCFS)과 최단처리시간규칙(SPT)에 따라 평균작업완료 시간을 비교하라.

작업	도착순서	작업소요시간
1	1	5
2	2	3
3	3	8
4	4	2

〈풀이〉

1) 선착순 규칙(FCFS)

	작업1	작업2	작업3	작업4
→	5	3	8	4
완료시간	5	8	16	18

평균완료시간 = (5 + 8 + 16 + 18)/4 = 11.75

2) 최단처리시간 규칙

	작업4	작업2	작업1	작업3
→	2	3	5	8
완료시간	2	5	10	18

평균완료시간 = (2 + 5 + 10 + 18)/4 = 8.75

3.2 두 군데의 작업장을 거치는 경우(다수 기계에서의 작업순서계획)

단일 기계에 적용되는 작업순서의 결정기법이 2대 이상의 기계에 그대로 적용될 수 없다. 1대 기계의 경우는 모든 일정이 동시에 완료되지만 2대의 기계문제에서는 그렇지 않기 때문이다. 일정이 다른 시점에서 완료되기 때문에 2대의 기계문제에서는 가급적 빠른 시간 내에 일정을 완료하는 것이 일반적인 목적이다.

[1] 2대의 기계를 거쳐(기계A → 기계B) 여러 작업이 수행될 경우에 총작업시간(마지막 작업이 기계B를 통과하는 시간)을 최소화할 수 있는 방법이 1954년 존슨이 개발한 '존슨의 법칙' 이라고 한다.

[2] 존슨의 법칙

① 각 작업이 동일한 순서로 각각의 기계를 거쳐 A와 기계B사이의 소요시간을 각각 산정한다. 기계 A, B에 상관없이 최단작업시간의 작업을 택하여 그것이 기계A에 해당되는 것이면 존슨의 법칙(Johnson's rule)을 이용하여 최종 작업이 기계B를 통과하는 시간, 즉 모든 작업이 끝나는 시간이 최소가 되도록 작업순서를 결정한다.

② 가장 먼저, 기계B에 해당되는 것이면 가장 나중으로 작업순서를 정하고 그 작업은 고려대상에서 제외한다. 나머지 작업들을 대상으로 같은 절차를 반복한다.

[3] 존슨법칙의 구성단계

① 작업별로 기계A와 기계B에서 소요되는 시간을 각각 산정하여 표를 만든다.

② 기계 A, B에 상관없이 소요시간이 가장 짧은 작업을 선택하고 가장 짧은 소요 시간이 기계A에서 발생하면 그 작업을 가능한 앞 순위에 놓는다. 반대로 기계B에서 발생하면 그 작업은 가능한 나중 순위에 놓는다.

③ 단계 2에서 선택된 작업은 표에서 지운다.

④ 이와 같은 방식으로 모든 작업의 순서가 결정될 때까지 단계 2, 3을 반복한다.

예제 7-2

두 대의 기계를 거쳐(기계 A → 기계 B) 여러 작업이 수행될 경우에 총 작업시간(마지막 작업이 기계 B를 통과하는 시간)을 최소화할 수 있는 방법은?

작업	소요예산	
	기계 A	기계 B
1	6	6
2	7	4
3	3	8
4	5	6

〈풀이〉 존슨의 법칙

① 1단계, 대상작업 : 1, 2, 3, 4

최단소요시간 : 3(작업3) → 기계A에 해당되므로 작업3을 먼저 시작한다.

3			

② 2단계, 대상작업: 1, 2, 4

최단소요시간: 4(작업2)→기계B에 해당되므로 작업2를 뒤로 미룬다.

3			2

③ 3단계, 대상작업: 1, 4

최단소요시간: 5(작업4) →기계A에 해당되므로 작업4를 먼저 시작한다.

3	4		2

④ 4단계, 대상작업: 1

대상작업이 한 개 뿐이므로 순서가 자동 결정된다.

3	4	1	2

⑤ 최종단계, 작업일정은 다음과 같이 계획한다.

	작업3	작업4	작업1	작업2
기계 A	3	5	6	7
	3	8	14	21

기계 B	대기	8	6	6	4
	3	11	17	23	27

총작업시간 : 27

Chapter

8

프로젝트의 일정관리

01 프로젝트 공정PERT/CPM의 구조
02 PERT/CPM의 구조
03 시간-비용 모형

1 프로젝트 공정 PERT/CPM의 구조

1.1 프로젝트의 의의

[1] 프로젝트의 특성

프로젝트의 특성은 일반적으로 프로젝트들의 일반적인 특성은 다음의 몇 가지를 열거할 수 있다.

① 일회성

프로젝트들은 빈번하게 수행되지 않고 단 한번으로 끝나는 일회적인 성격을 가진다. 예를 들면, 새로운 무기시스템의 개발, 건물의 건설, 신제품의 시장조사 등이 있다.

② 예측의 곤란성

매번의 프로젝트는 새로운 것이기 때문에 프로젝트에 소요되는 기간이나 자원의 양, 특히 자금에 대한 추정이 곤란하다. PERT가 개발된 가장 중요한 이유 중의 하나는 시간적인 불확실성을 대처하기 위한 것이었다.

③ 통제

대부분의 프로젝트는 여러 개의 작은 작업(task)으로 구분되고 각 작업들은 다른 부서, 관리자 또는 계약자에게 책임이 부과되어 있다. 그래서 프로젝트 관리자가 작업자를 통제하는 일은 대단히 어려운 일이다.

[2] 프로젝트의 관리

프로젝트 관리 과정은 1단계로 프로젝트의 정의, 2단계로 프로젝트의 계획, 3단계로 실행과 통제로 이루어진다.

① 1단계(프로젝트의 정의)는 프로젝트의 얻어진 목표와 결과를 기술하는 것이다.

② 2단계(프로젝트 계획)는 계획과정(planning process)으로 수행해야할 작업과 각 작업에 소요되는 절차와 시간 그리고 일정을 확인한다(PERT와 CPM기법이 적용).

③ 3단계(프로젝트의 실행과 통제)는 PERT와 CPM의 시간-비용(time-cost)의 조정(trade-off)이 유용하게 적용된다.

1.2 프로젝트의 네트워크

프로젝트를 그림으로 그리는 방법은 여러 가지가 있으나 가장 일반적인 것은 간트차트(Gantt chart)와 네트워크이다.

[1] 간트차트

헨리 간트(Henry Gantt)는 막대그래프로 작업시간을 표시하는 단순하면서도 명쾌한 방법을 개발하였는데 간트차트는 프로젝트의 일정과 작업일정을 표시하는데 모두 유용한 방법이다.

프로젝트를 그림으로 표시하는 방법을 설명하기 위해 (표 8-1)에서 운동장 프로젝트의 문제를 살펴보기로 한다. (표 8-1)은 각 작업에 소요되는 기간과 그 작업의 직전에 수행되어야 할 선행작업을 나타내 보이고 있다.

표 8-1. 확장된 의사결정에 관한 자료

작업명	내용	소요시간(일)	선행작업
계획(A)	장소선정, 자원소요량결정	20	-
구입(B)	목재와 모래구입	60	A
굴착작업(C)	굴착 및 정돈	100	A
제재작업(D)	목재 제재	30	B
배치/설치(E)	목재 및 모래의 설치와 배치	20	C,D
조립(F)	목재를 조립함	10	E
내부작업(G)	모래 및 설비공사	20	F
외부작업(H)	쓰레기 및 오물처리	10	F
조경작업(I)	조경 및 페인팅	30	G,H

위 (표 8-1)의 프로젝트를 간트차트로 그린 것이 (표 8-2)이며, 이 표에서는 각 작업의 작업시간은 막대의 길이로 표시되어 있다.

① 계획 작업은(A)은 0에서 시작되어 20일에 완료되며, 구입작업(B)이 20일에 시작되는데 소요시간이 60일이므로 80일째에 작업이 끝난다.

② 그 다음은 굴착작업(C)으로 20일에 시작될 수 있다. 왜냐하면 이 작업은 계획작

업(A)이 끝나면 곧 착수될 수 있기 때문이다.

③ 구입(B)과 굴착(C)은 동시에 수행된다. 대부분의 경우 어떤 시점에서 필요한 경우 많은 작업이 동시에 수행될 수 있다고 가정한다.

④ 그 다음 작업은 D인데 이것은 B작업이 끝나는 80일에 시작하여 110일에 완료됨을 나타낸다. 이런 방식으로 각 작업의 시작과 완료를 표시하면 바로 간트차트가 된다.

⑤ 간트차트는 프로젝트의 기간동안 계속해서 프로젝트의 실제 진행을 파악하기 위해 사용된다.

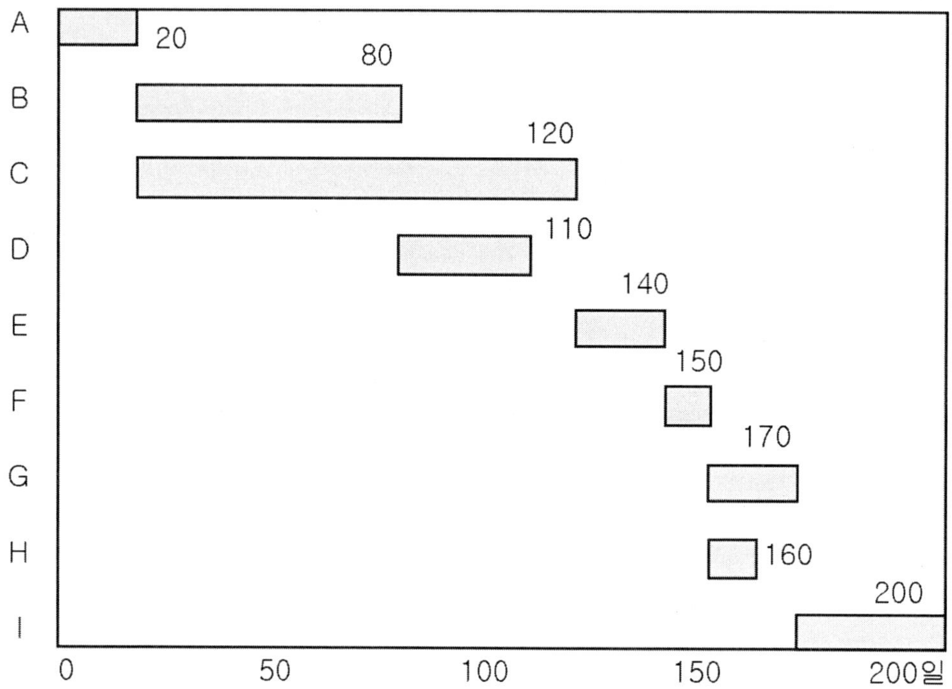

표 8-2. 운동장 프로젝트의 네트워크

[2] 네트워크의 작성

간트차트를 이용하여 작업과 작업의 선후관계, 작업 간의 상호관계 등을 나타내는데 이용될 수 있지만 이를 네트워크(network)로 작성하는 것이 편리하다. 네트워크는 두 가지 형태로 작성될 수 있다.

① CPM방식

작업(activity)을 네트워크 마디(node)로 파악하는 방식인데 이를 작업마디 네트워크(activity on node network)라 한다. 네트워크는 마디와 화살표로 구성되는데 마디는 작업을 의미하며, 화살표는 작업간의 선후관계를 나타낸다. 그 다음 한 작업은 그 작업에 선행하는 작업이 모두 완료될 때 까지는 착수될 수 없다.

② PERT방식

작업을 화살표로 나타내는 방식을 말한다. 화살표는 작업을 의미하고 마디를 나타내는 동그라미는 작업의 시작과 끝을 나타내는데 이를 단계(event)라 부른다.

1.3 주요공정분석

주요공정분석은 네트워크 방법을 이용하여 ① 프로젝트의 완성기일 ② 주요작업 ③ 작업의 지연가능기간 ④ 작업의 착수와 완료에 관한 문제들을 다루게 된다. 이를 위해 PERT나 CPM분석을 이용한다.

1.3.1 PERT/CPM

[1] 정의

규모가 크고 복잡한 프로젝트의 효율적인 수행계획을 수립하고 적절히 통제하기 위해 만들어진 평가검토 기법이다. 연결망(NETWORK)을 이용하여 프로젝트를 효과적으로 수행할 수 있도록 시간 및 비용과 관련한 계획, 통제기법이다.

[2] 기원

PERT는 미해군 폴라리스 미사일 개발계획에서 시작되었다. CPM은 비반복적인 대규모공사(건축, 조선 등)의 계획, 관리에 적합한 기법으로 개발되었다.

[3] PERT/CPM의 차이점

활동시간의 추정방법의 차이가 존재한다. PERT는 활동시간을 확률적 모형으로 추정하고 시간의 계획과 통제를 위한 기법이며, CPM은 활동시간을 확정적 모형으로 추정하고 시간과 비용을 통제하기 위한 기법이다.

[4] 기업의 응용분야

① 단속생산시스템, 토목, 건설공사, 연구개발 및 제품개발, 마케팅 및 새로운 시스템 개발에 응용된다.

② 적용영역

㉮ 계획활동은 자원의 활용계획, 활동에 관한 계획이다.

㉯ 세부계획 활동은 이미 수립된 계획을 집행하기 위한 세부계획의 수립을 의미한다.

㉰ 의사소통은 이해자 집단에 대한 의사소통의 도구이다.

㉱ 통제와 재계획 활동은 계획달성도의 확인, 편차의 책임확인, 계획활동의 개선이다.

2 PERT/CPM의 구조

2.1 PERT/CPM의 특징

[1] 전체 프로젝트를 구성하고 있는 활동들과 그 선후관계를 네트워크로 표현한 것이다.

[2] 네트워크는 활동을 나타내는 가지와 활동의 시작과 끝을 나타내는 마디로 구성되어 있다.

① 단계(Events)

어떤 상태가 물리적 또는 지적으로 환성되는 순간적인 상태로 동그라미(○)로 표시된다. 활동이 시작되거나 완료되는 시점을 나타내며, 시간과 자원을 소비하지 않는다. 그리고 선행활동과 후행활동의 상호관계를 표시한다.

② 활동(Activity)

시간이나 자원을 소비하는 하나의 개별작업(실선 화살표)으로 작업의 진행방향을 표시한다.

③ 명목상의 활동(Dummy activity)

시간이나 자원을 소모하지 않는 활동으로 점선으로 표시한다.

[3] 활동의 순서파악과 연결망 작성

① 프로젝트 완성에 필요한 활동을 구분하고 산정한다.

② 활동목표를 작성하고 그 다음 단계와 활동을 작업순으로 표시한다.

③ 연결망을 작성한다. 단, 연결망은 반드시 연장형태로 작성해야 하며, 고리가 있어서는 안된다. 〈예제 8-1〉은 연결망 작성의 예시이다.

예제 8-1 연결망 작성

활동	착수단계	완료단계	*활동시간
1-2	1	2	2
2-3	2	3	3
2-4	2	4	1
3-5	3	5	2
4-5	4	5	5
5-6	5	6	4

2.2 PERT/CPM의 예

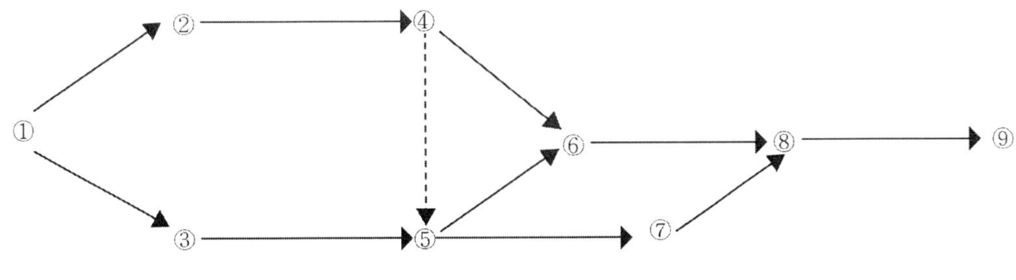

① 활동 : 1 → 2, 5 → 6 등

② 마디 1 : 활동 1 → 2 또는 1 → 3 의 시작점

③ 마디 2 : 활동 1 → 2 의 끝점 또 활동 2 → 4의 시작점

[1] 활동시간의 추정

PERT의 경우 활동시간은 특정 방법으로 특정 활동을 완성하는데 소요되는 시간을 의미한다.

① 낙관적시간(a) : 가장 이상적 진행시 소요시간의 추정치

② 최적시간(m) : 실현가능성이 가장 큰 정상적 상황에서 정상진행시 소요시간의 추정치

③ 비관적시간(b) : 가장 만족스럽지 못한 상황에서 가장 만족스럽지 못한 방법으로 진행된다고 할 때, 활동을 완성하는데 소요되는 시간의 추정치

[2] 기대시간(te)과 분산(σ_e^2)은 확률을 토대로 한 간단한 공식을 사용한다.

① 활동시간이 베타(β)분포를 이룬다고 가정한다(베타분표는 양 끝이 bounded가 있음)

② 활동별 기대소요시간(te or Ti), 기대치$(te) = \dfrac{a_i + 4m_i + b_i}{6}$

③ 소요시간의 분산(σ_e^2), 분산(σ_e^2) = $(\dfrac{b_i - a_i}{6})^2$, 표준편차$(\sigma_{T_i} \text{ or } \sigma_e) = \dfrac{b_i - a_i}{6}$

④ σ_e^2이 높을수록 특정 활동을 완성하는데 소요되리라고 기대되는 시간의 추정치에 대한 불확실성이 높음을 의미한다. 단, CPM은 m만을 이용하여 활동시간을 추정(점추정)한다. (표 8-3)는 신제품 개발을 위한 활동 및 소요시간의 예이다.

표 8-3. 신제품개발을 위한 활동 및 소요시간

활동	내용	선행활동	완료단계			활동시간
			낙관시간a	최빈시간m	비관시간b	
A	특수부품연구	–	2	2	8	3
B	구매처선정	A	3	4	11	5
C	하청의뢰, 연락	B,F	6	8	10	8
D	기본설계	–	2	2	2	2
E	최종설계	D	5	7	9	4
F	하청명세서작성	D	3	4	8	4.5
G	제고공정설계	–	2	4	8	4.5
H	제조공정평가, 선정	G	6	7	14	8
I	제조	C,E,H	5	6	10	6.5

[3] 프로젝트 완료시간의 산출

① 가장 빠른 완료예정시간(TE: The earlistest expected event time)은 특정단계 TE 값의 후보가 여러 개 있을 때(합병의 단계일때) 가장 큰 값이 그 단계의 TE가 된다.

② 가장 늦은 완료예정시간(TL: The latest allowable event time)은 최종단계의 TE인 최종완료시점을 지연시키지 않으면서 가장 늦게 각 활동에 착수할 수 있는 각 단계에서의 시간을 말한다. TL계산은 최종단계의 TE를 그 단계의 TL로 하고 선행 작업들의 평균 소요시간을 빼 나간다.

③ 여유(Slack)는 특정단계가 최종단계에 영향을 미치지 않는 한도내에서 늦출 수 있는 여유시간의 정도를 의미한다(TL−TE).

- TL−TE =0, 영(0)여유로 자원이 최적배분된 상태를 의미한다.
- TL−TE 〉0, 정(+)의 여유로 자원의 과잉을 나타낸다.
- TL−TE 〈0, 부(−)의 여유로 자원의 부족을 나타낸다.

(단, PERT−CPM에서는 일반적으로 자원이 부족한 경우를 가정하지는 않는다.)

④ 주경로(애로경로)의 결정

㉮ 주경로(critical path)는 가장 많은 시간이 소요되는 경로이다. 주경로는 영여유로 연결되어 있는 경로이며, 영여유가 없을 경우 여유값이 최소가 되는 경로를 선정함으로써 결정된다.

㉯ 주경로를 설정하는 이유는 예정된 기간내에 프로젝트를 완성할 수 있도록 하기 위해서는 주경로를 보다 집중적으로 통제해야 한다. 〈예제 8−2〉는 신제품 개발을 위한 PERT 네트워크의 예를 도식화하였다.

예제 8-2 신제품개발을 위한 PERT 네트워크

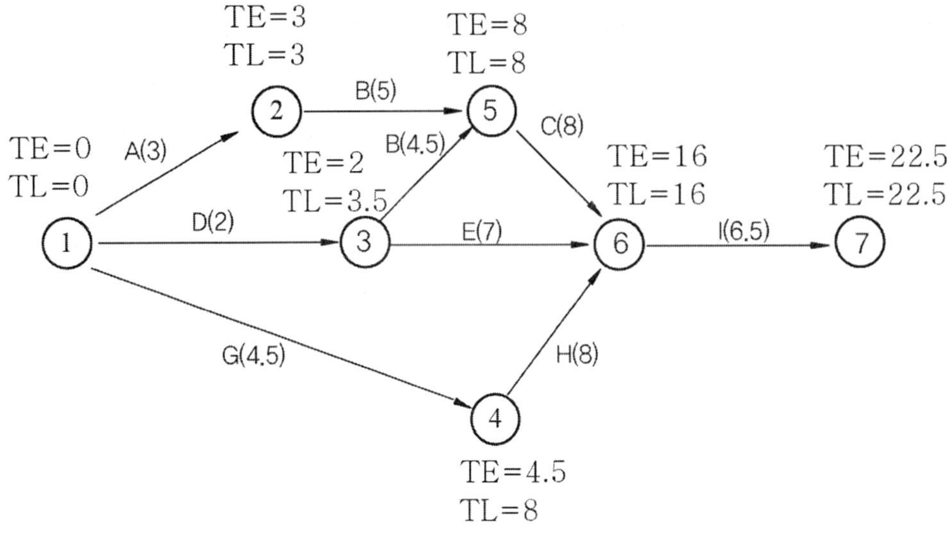

(풀이)

(1) 프로젝트의 완료시간 산출(TE의 계산)

이것은 각 단계에서 가장 빨리 후속작업에 착수할 수 있는 시간으로 첫 단계로부터 각 단계에 이르기까지의 평균소요시간(기대시간)의 누계를 토대로 계산한다.

① 단계: TE = 0

② 단계: TE = 0+3=3

③ 단계: TE = 0+2=2

④ 단계: TE = 0+4.5=4.5

⑤ 단계: TE = MAX(3+5, 2+4.5)=8

⑥ 단계: TE = MAX(3+5+8, 2+4.5+8, 2+7, 4.5+8)=16

⑦ 단계: TE = 16+6.5=22.5

(2) TL의 계산

이것은 최종단계의 TE인 최종완료시점을 지연시키지 않으면서 가장 늦게 각 활동에 착수할 수 있는 각 단계에서의 시간을 말한다. TL계산은 최종단계의 TE를 그 단계의 TL로 하고 선행 작업들의 평균소요시간을 차감하여 나간다.

⑦ 단계: TL = 22.5

⑥ 단계: TL = 22.5-6.5=16

⑤ 단계: TL = 16-8=8

④ 단계: TL = 16-8=8

③ 단계: TL = MIN(16-8-4.5, 16-9)=3.5

② 단계: TL = 8-5=3

① 단계: TL = MIN(3-3, 3.5-2, 8-4.5)=0

(단, TL의 계산에서 2경로가 마주치는 단계에서 TL은 TE계산 때와는 반대로 2경로 중 최종 단계의 TL에서 각 경로의 소요시간 누계를 차감한 값이 적은 쪽을 택한다.)

(3) 여유시간(Slack time)의 산출

이것은 최종시간의 완료시간에 전혀 영향을 미치지 않고 각 단계에서 허용될 수 있는 시간적 여유를 일컫는데 그것의 계산은 TL-TE하면 된다.

① 단계: TL-TE= 0-0=0

② 단계: TL-TE= 3-3=0

③ 단계: TL -TE= 3.5-2=1.5

④ 단계: TL-TE= 8-4.5=3.5

⑤ 단계: TL-TE= 8-8=0

⑥ 단계: TL-TE= 16-16=0

(4) 주경로의 결정

여유시간이 0인 단계를 연결한 경로로서 가장 긴 소요시간을 갖는 작업과정이며, 가능한 범위 내에서 전체 프로젝트의 가장 빠른 완료시간이다.

① 주경로 계산 : ①-②-⑤-⑥-⑦ = 3+5+8+6.5=22.5(주경로)

[4] 프로젝트의 완료확률의 계산

① 성공확률의 의미

계획된 완성기간 내에 그 프로젝트를 달성할 수 있는 확률의 의미한다.

② 계산

총 기대프로젝트 시간이 정규분포를 이룬다는 가정하에 다음의 식을 이용한다.

$$Z = \frac{TS - TE}{\sqrt{\sum \sigma_e^2}}$$

여기서, σ_e^2 = 주경로의 분산

TS = 계획된 완성기간

TE = 최종단계의 가장 빠른 예정완료시간

예제 8-3 프로젝트 완료 확률 결정 문제

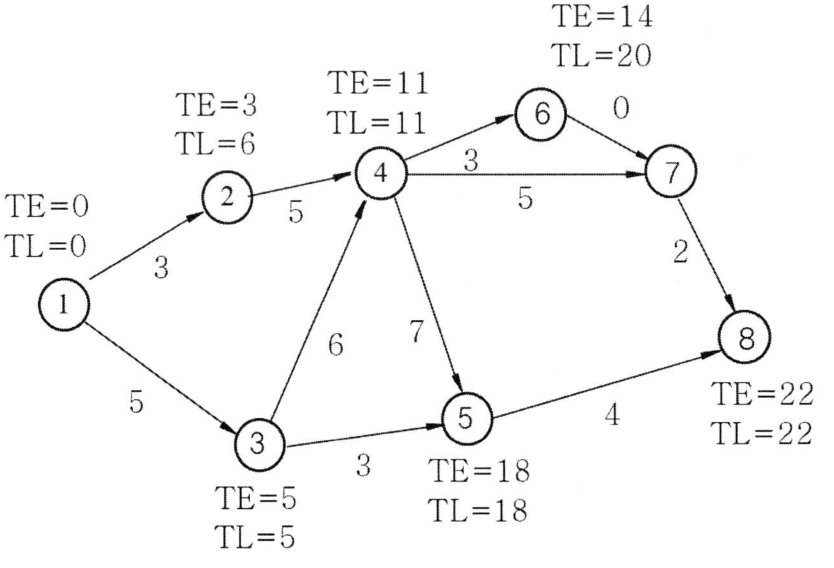

가. 주공정상 활동들의 소요시간 추정

활동	a	m	b	te	σ	σ^2
①-③	2	5	8	5	1	1
③-④	3	5	13	6	1.67	2.79
④-⑤	6	7	8	7	0.33	0.11
⑤-⑧	1	4	7	4	0.83	0.69
			$T_B = 22$			$\sigma_{TB}^2 = 4.59(\sigma_{TB} = \sqrt{4.59})$

여기서 주공정의 평균완료시간 TE 는 주공정을 구성하는 각 활동의 기대평균시간(te)의 합으로 계산되며, 이것이 이 프로젝트의 가장 빠른 완료기대시간이 된다. 그러므로 이는 곧 Te=22, σ_{TE} =2.14 의 정규분포를 따른다.

3 시간-비용 모형

3.1 모형의 정의

① 지금까지 프로젝트를 완료하는데 소요되는 시간에만 초점을 맞추어 PERT를 설명하였다. 그러나 프로젝트를 완료하는데는 시간뿐만 아니라 비용도 고려되어야 한다.

② PERT-CPM의 시간과 비용모형은 이러한 시간과 비용사이의 최적교환 관계를 발견하기 위한 것이다.

3.2 비용의 구분

① 직접비용은 활동기간의 단축과 관련된 것으로 초과근무시간, 작업자의 증원, 직무변경 등 작업자와 관련된 비용과 설비의 추가설치, 구입비용을 포함한다.

② 간접비용은 활동기간의 연장과 관련된 것으로 설비 임대비용, 자원기회비용, 완료기간과 관련된 범칙금 등을 포함한다.

3.3 시간과 비용의 관계

비용분석을 위해 활동시간과 비용에 대해 다음과 같이 나눈다.

① 정상시간(normal time: NT)은 정상적 조건에서 활동을 수행하는데 소요되는 시간으로서 PERT에서 최빈시간(m) 또는 기대시간(te), CPM에서는 점추정치에 해당된다.

② 정상비용(normal cost: NC)은 정상적 활동을 완료하는데 소요되는 비용이다.

③ 긴급시간(crash time: CT)은 추가자원을 투입하여 달성하는 활동의 최단시간으로 PERT에서는 낙관시간(a)에 해당되며, CPM에서는 새로운 추정치 필요하다.

④ 긴급비용(crash cost: CC)은 긴급시간에 활동을 완료하는데 소요되는 비용이다. 〈예제 8-4〉는 시간과 비용 모형의 예를 도식화하였다.

예제 8-4 시간과 비용 모형

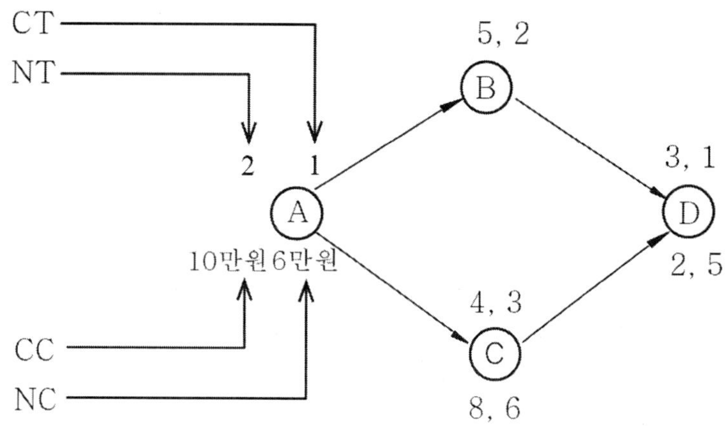

Chapter

9

자재소요계획

01 일정계획과 자재소요계획(MRP)

02 MRP의 응용원리

03 MRP 시스템의 운영

04 MRP-II와 ERP

1 일정계획과 자재소요계획(MRP)

1.1 MRP의 개념

급속한 기술혁신으로 제품을 구성하는 부품의 수도 기하급수적으로 증가하여 많은 부품들의 재고관리의 중요성이 높아진다. 따라서 전통적 재고관리 이론만 가지고 생산 시스템을 효과적으로 관리하기가 어려워진다. MRP는 최종품목인 완제품의 예측수요를 토대로 그것을 생산하는데 요구되는 부품이나 조립품들이 언제, 얼마만큼 필요한지 그리고 이들을 언제 발주하여 언제 수령해야 하는지를 제시할 수 있도록 설계된 정보시스템이다.

1.2 독립적 수요와 종속적 수요

[1] 독립적 수요(independent demand)

① 완제품에 대한 수요 : 독립수요 품목은 시장조건에 의해 결정되므로 경기변동, 추세변동, 계정변동 및 우연변동 등 시계열 요소에 의해 항상 변동한다.

② 자동차, VCR 등 완제품에 대한 수요가 해당된다.

[2] 종속적 수요(dependent demand)

① 반제품, 원재료, 부품 등에 대한 수요는 종속적 수요이다.

② 종속수요는 제품이 공정에서 완성단계로 접근해갈 때 더욱 뚜렷이 나타난다.

③ 모터, 나사못 등 완제품을 생산하는 데에 소요되는 부품의 수요가 해당된다.

④ 시장조건에 의해 결정되지 않고 완제품의 수요에 따라 종속적으로 결정된다. 예를 들면, 쌍용자동차 체어맨 수요가 10만대라면 타이어는 40만개, 스페어까지 포함하면 50만개가 필요하다. 즉 체어맨 완제품의 독립적 수요에 따라 타이어와 같은 부품의 종속적 수요가 발생하는 것이다.

1.3 MRP의 의의

MRP는 최종품목의 생산수량과 시기를 나타내는 기본생산일정계획(MPS)를 근거로 그 최종품목을 생산하는데 요구되는 특정 자재와 부품들의 정확한 양과 이들 자재를 주문하여 수령해야 하는 시기를 밝혀주는 이른바 세부적인 생산일정계획을 마련하는 것이다. MRP의 운용은 곧 대규모 컴퓨터 프로그램의 사용을 의미한다.

1.4 MRP의 기본원리

MRP의 주제는 적합한 자재를 적합한 시기에 적합한 장소로 가져오는 것을 말한다.

첫째, 최종제품의 생산시기와 생산수량이 결정되면 그것을 구성하는 자재와 부품을 제품구조 분석에 의해 자동결정된다.

둘째, 자재와 부품의 소요량을 소요시기에 맞추어 발주하여 필요시기에 필요한 양을 공급받을 수 있게 된다.

셋째, 재고 및 일정에 대한 효율적인 관리가 가능하다.

1.5 MRP의 기능

MRP시스템은 적정한 양의 품목을 적정시기에 주문하여 재고수준을 낮게 유지함으로써 재정의 절약을 얻는 것을 목표로 한다. 첫째 재고수준을 통제하고, 둘째 조달품목의 우선순위를 통제하며, 셋째 생산능력을 통제하는 기능으로까지 확대한다.

① 재고수준통제는 적합한 부품을 주문하고 적합한 양만큼 주문하며, 적합한 시기에 주문한다(불필요한 공정품을 취소함).

② 우선순위통제는 납기예정일을 정확히 지키기 위해 주문의 상대적 우선순위를 유지시킨다.

③ 생산능력통제는 장기간에 걸친 예상 자재소요계획을 함으로써 기계 및 노동시간이 효과적으로 계획되고 이용될 수 있다. 완전한 작업부하를 위한 계획수립과 정확한 작업부하를 계획, 미래의 작업부하를 내다 볼 수 있는 적절한 기간을 설정한다.

[1] MRP의 유형

MRP시스템을 기업에서 도입할 때는 다음의 유형을 순차적으로 접근함이 요구된다. MRP의 정의는 다음의 유형별로 정의되기도 하고 유형을 포괄하는 포괄적 정의를 사용한다.

① 재고관리시시템

기본생산일정을 지원하기 위해 적절한 시기에 제조 또는 구매주문품을 방출하는 재고관리시스템이다.

② 생산 및 재고통제시스템

제조회사의 재고 및 생산능력을 계획하고 통제하는 정보시스템으로 생산능력을 조정하기 위해 주문품의 발주와 기본생산일정 사이의 피드백 고리를 갖는다.

③ 제조자원계획 시스템

모든 제조자원(재고, 생산능력, 자금, 인력, 시설설비 등)을 계획하고 통제하는데 이용된다.

[2] MRP의 간단한 예

다음의 예는 T라는 제품을 생산하고, 그 제품에는 U부품 2개와 V부품 3개로 만들어 진다. 그리고, 부품U는 W 1개와 X 2개 부품으로 이루어지고, 부품V는 W 2개와 Y 2개 부품으로 구성된다. [그림9-1]은 제품 T의 구성체계를 도식화하였다.

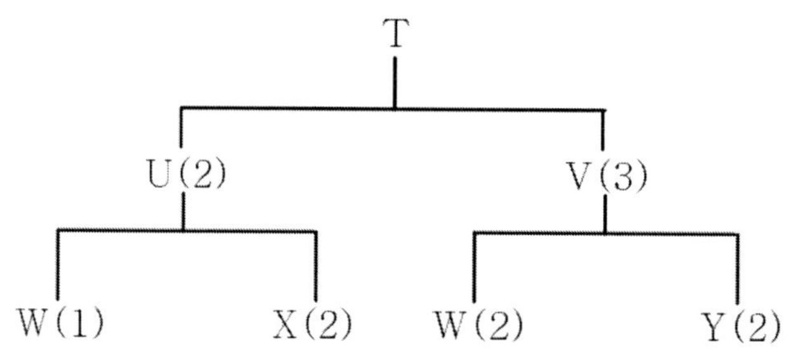

그림 9-1. 제품 T의 구성체계

예를 들면, 만일 제품 T를 100단위 제조한다면 요구되는 각 부품의 양(수)는 다음과 같이 계산된다.

부품U: 2×T의 수량 = 2×100 = 200

부품V: 3×T의 수량 = 300

부품X: 2×U의 수량 = 2×200 = 400과 같이 계산될 수 있다.

1.6 MRP의 특징

MRP가 나오기 전에는 모든 제조업체가 (재)주문점(reoder point) 시스템을 가지고 모든 재고관리를 하였고 재주문점(ROP) 시스템은 독립수요품목의 재고관리에 알맞은 기법이지 종속수요품목의 재고관리에는 맞지 않다.

[1] 생산시스템에 가져온 개선효과

① 최종 제품수준에 관리의 초점을 맞춤으로써 생산계획의 효과적인 도구임이 증명되었다.

② 부품생산의 일정계획 및 재고수준의 통제에 관련된 많은 의사결정을 자동화시키는데 중대한 기여를 했으며, 관리자의 관심을 중요품목에 집중시키는 것이 가능하게 되었다.

[2] MRP는 소요되는 자재를 최소의 비용으로 적시에 완전하게 공급할 수 있게 하는 것이다.

[3] MRP에서는 최종제품의 제품구조에 따라 일정계획을 참고하여 논리적인 방법에 의하므로 보다 합리적이다.

[4] MRP시스템과 주문점(ROP) 시스템의 비교

참고! - MRP의 장점

① 현실적인 재고관리 시스템이다. 전통적 재고관리의 주요 가정이 첫째, 수요는 연속적, 균일적 및 확정적이다. 둘째, 재고 유지비용, 주문비용, 자재조달기간이 일정하며, 셋째, 주문량은 한꺼번에 모두 다 도착하는 가정의 비현실성을 극복하고 현실에 가까운 재고시스템이다.

② 재고수준을 감소시키는 효과가 있다. 예를 들면, 기계고장시 조립일정이 2주 연기가 필요할 때 처음계획을 그대로 실행하는 것이 아니라 MRP는 조달시간을 늦추고 전체일정계획을 조정하여 조달의 신축성을 부여할 수 있다.

③ 평균생산소요시간을 감축시킨다. 즉, 납기의 우선순위를 정확하게 조정함으로써 부품 준비부족으로 인한 유휴시간을 줄일 수 있다. 다음은 MRP와 ROP를 비교해 두었다.

1.7. MRP의 가정

[1] EOQ 기법의 기본가정

① 수요는 연속적이고 균일하며 또 확정적이다.

② 재고의 유지관리비용, 주문비, 자재조달기간 등도 일정하다.

	MRP	ROP
수요	종속적	독립적
주문철학	수요	보충
예측	기본일정계획에 근거	과거수요에 근거
통제개념	모든 품목을 통제	ABC분류통제
목표	제조상 필요의 충족	고객의 요구충족
로트크기	이산량	EOQ
수요형태	일정하지 않지만 예측가능	우연적(무작위적)
재고유형	재공품과 원자재	완제품과 예비부품

③ 주문된 양은 한꺼번에 모두 다 도착하는 개념이다.

[2] MRP 시스템의 전제조건

① 대 일정계획이 정확하게 수립되어야 한다.

② 모든 재고 품목은 중복되지 않도록 분류되어 쉽게 확인, 구별될 수 있어야 한다.

③ 최종제품을 생산하는데 소요되는 원자재, 가공조립품, 구입부품의 소요량을 표시하는 자재 원단위가 있어야 한다.

④ 모든 재고품목의 재고현황을 파악할 수 있는 재고 현황철이 비치되어야 한다.

[3] MRP의 가정

① 모든 자재의 조달기간을 파악한다.

② 모든 품목들은 저장할 수 있어야 한다.

③ 모든 조립 구성품목들은 착수시점에 사용가능하여야 한다.

④ 제조공정이 독립적이어야 한다.

2 MRP의 응용원리

① 재고정보를 감안한 MRP는 기초재고와 기말필요재고량을 감안하여 소요 자재량을 조정하는 원리이다.

② 공통부품을 포함하는 MRP는 제품간에 공통부품이 존재하는 경우, MRP 과정에서 해당 소요량을 합산하여 자재소요량을 계획한다.

③ 주문량을 감안한 MRP는 자재의 주문 또는 생산에는 주문비용 또는 생산준비 비용이 소요되므로 필요한 자재를 필요한 만큼씩 자주 구입 또는 생산하는 것보다 일정량을 한꺼번에 입고시키는 것이 경제적일 경우가 있다.

3 MRP 시스템의 운영

3.1 MRP의 주요효과

① 계획생산

② 재고감축

③ 타기능과의 연계로 업무효율화

3.2 MRP의 문제점 (해결과제)

① 외주 및 생산지시의 차질예방 위한 긴밀한 노력이 필요하다.

② 수주분 반입지연, 결품, 착오 등이 발생할 경우 생산중단 또는 지연을 초래할 가능성이 있다.

③ 생산차질, 예측과 실제수요와의 괴리 등이 발생할 경우, 계획의 빈번한 수정이 요구된다.

3.3 MRP의 성공요건

① 적절한 컴퓨터의 지원이 필요하다.

② 정확한 정보(판매정보, 재고정보, 리드타임정보 등)가 파악되어야 한다.

③ 경영자의 관심과 지원이 절대적이다.

④ 사용자의 지식이 필요하다.

3.4 MRP시스템의 구조

자재소요계획(MRP)라는 용어는 자재의 요구를 충족시키는 일정을 마련하는 컴퓨터 프로그램을 지칭한다. [그림 9-3]는 MRP시스템의 기본구조를 도식화하였다.

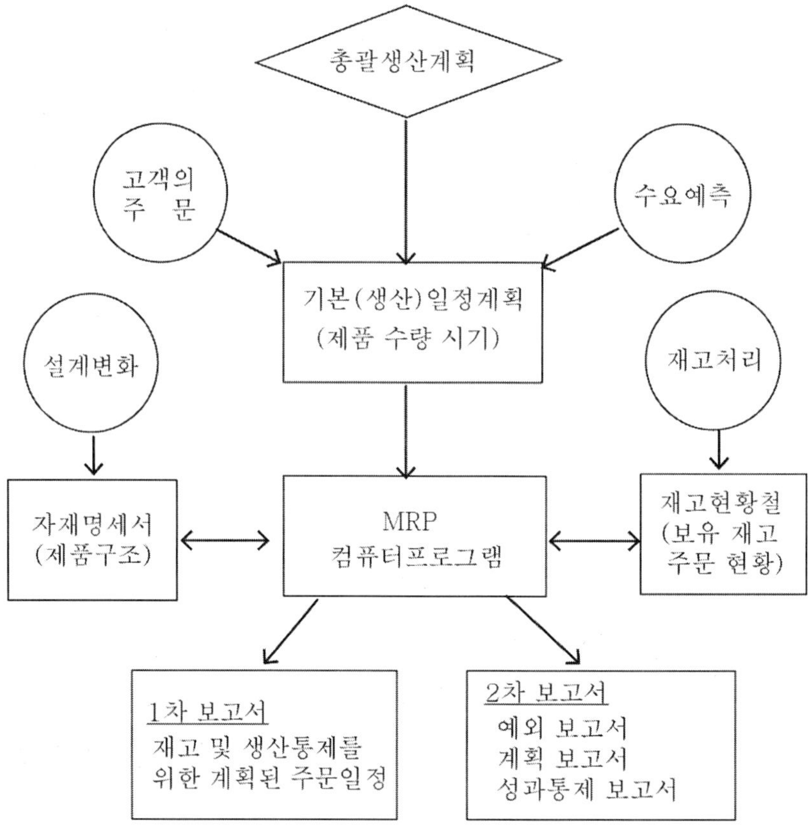

그림 9-3. MRP시스템의 기본구조

[1] MRP시스템의 세가지 요소

MRP의 세가지 자료는 기본(생산)일정계획, 자재명세서, 재고현황철은 생산일정을 구체적인 주문일정계획으로 확대시켜 전체 생산과정을 순서대로 이끌도록 하는 자재소요 프로그램의 입력자료가 된다.

① 기본생산일정계획(MPS)은 특정기간 동안 생산해야 할 품목의 수량을 나타낸다. 제품 그룹이나 제품라인으로 작성되는 총괄생산계획으로부터 특정 개별제품이나 최종 품목으로 다시 분해하여 표시하는 생산계획이다. [그림 9-4]는 계획기간과 조달기간과의 관계를 도식화하였다.

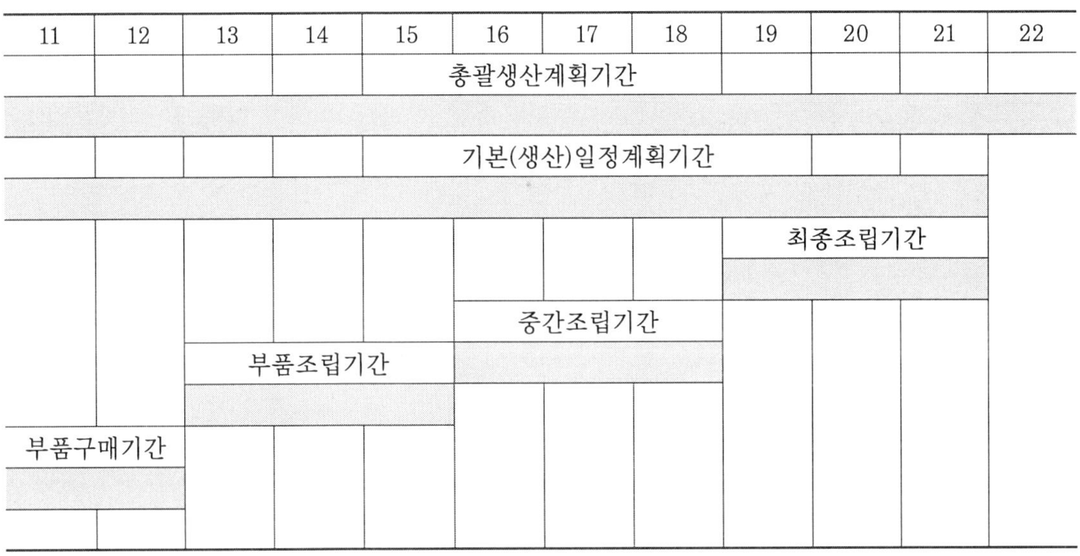

「그림」 9-4. 계획기간과 조달기간과의 관계

② 자재명세서(Bill of Materials: BOM)는 각 품목을 만드는데 이용되는 특정자재와 그것들의 정확한 수량을 밝혀준다. 기본생산일정계획에 표시된 초종제품을 생산하는데 필요한 모든 원자재, 구성부품, 중간조립품 등을 구조적으로 나열한 목록이다. 자재명세서는 원래 자재와 부품목록을 조립단계의 순서에 따라서 작성한 표를 말하는 것으로 제품구조도표로부터 비롯되었다(제품구조도표는 최종 제품을 구성하는 부품들의 수량과 조립순서를 계층적으로 나열한 나무모양의 그림). (표 9-1)은 자재명세서 예를 제시해 두었다.

표 9-1. 자재명세서 (제품번호 W099: 외바퀴손수레)

부품번호	부품	수량	단위	단계
1011	상자: 깊은 것, 알루미늄제	1	개	1
1020	핸들조립	1	개	1
2022	알루미늄핸들	2	개	2
2025	손잡이	2	개	2
1030	바퀴조립	1	개	1
2031	차축	1	개	2
2032	베어링	2	개	2
2035	바퀴	1	개	2
3026	타이어: 사이즈A	1	개	3
1042	페인트: 청색	1	개	1

③ 재고현황철(Inventory Records File)은 보유하고 있거나 주문한 자재의 수량과 같은 자료를 포함한다. 재고 현황철의 구성은 다음과 같다.

㉠ 품목 주요명세부분은 부품품목의 고유번호, 조달기간, 표준원가 등의 정보를 포함한다.

㉯ 재고현황부분은 총소요량, 현보유량, 주문계획량 등의 정보를 포함한다.

㉰ 보조자료부분은 미납주문품, 변경사항, 집계자 등의 정보로 구성된다. [그림 9-5]는 전형적인 재고기록 양식을 제시해 두었다.

<table>
<tr><td rowspan="3">품목
명세
부분</td><td>부품번호</td><td>내용</td><td colspan="3">조달기간</td><td colspan="2">표준원가</td><td></td><td colspan="2">안전
재고</td><td></td></tr>
<tr><td>주문량</td><td>준비
시간</td><td colspan="2">주기</td><td colspan="5">작년사용량</td><td colspan="2">등급</td></tr>
<tr><td>불량허용량</td><td colspan="2">가공자료</td><td colspan="4">지 침</td><td colspan="5">기 타</td></tr>
<tr><td rowspan="5">재고
현황
부분</td><td>할당량</td><td>잔 고</td><td colspan="8">기 간</td><td rowspan="2" colspan="2">총 계</td></tr>
<tr><td>총소용량</td><td></td><td>1</td><td>2</td><td>3</td><td>4</td><td>5</td><td>6</td><td>7</td><td>8</td></tr>
<tr><td>수령계획량</td><td></td><td></td><td></td><td></td><td></td><td></td><td></td><td></td><td></td><td colspan="2"></td></tr>
<tr><td>현보유량</td><td></td><td></td><td></td><td></td><td></td><td></td><td></td><td></td><td></td><td colspan="2"></td></tr>
<tr><td>주문계획량
발주</td><td></td><td></td><td></td><td></td><td></td><td></td><td></td><td></td><td></td><td colspan="2"></td></tr>
<tr><td rowspan="4">보조
자료
부분</td><td>주문명세서</td><td colspan="11"></td></tr>
<tr><td>긴급사항</td><td colspan="11"></td></tr>
<tr><td>잡계자</td><td colspan="11"></td></tr>
<tr><td>기록보관</td><td colspan="11"></td></tr>
</table>

그림 9-5. 전형적인 재고기록양식

3.5 MRP시스템의 운영

MRP시스템은 기본생산일정계획, 자재명세서, 재고기록철을 이용하여 구성품의 소요량과 그것의 발주일자를 결정하는 것을 주요내용으로 한다.

[1] 소요량과 발주시기의 결정은 구성품의 소요량을 결정(총소요량과 순소요량)하고 순 소요량은 현재 재고수준을 고려하여 계산된다.

① 순소요량t = 총소요량 - 재고수준 = 총소요량t - (현보유재고량t - 1 + 수령예정량t)

② 순소요량은 주문계획량에 의해 충당되는데 주문계획량이란 미래에 주문하도록 계획된 품목의 새로운 주문량을 의미한다.

③ 조달기간이 존재하지 않는다면 주문계획량은 순 소요량이 발생한 기간에 발주해도 된다. 하지만 조달기간은 언제나 존재하므로 발주시기는 다음과 같이 결정된다. 발주시기는 소요시기(필요시점)에서 조달기간을 뺀 시기이다.

[2] 능력소요계획의 수립

생산관리자는 효율적인 공장운영을 위해 상충되는 2가지 목적(최소재고 투자/ 최대고객 서비스)을 달성하기 위해서는 다음의 질문에 답해야 한다.

첫째, 어떤 일을 하여야 하는가?

둘째, 그것을 할 수 있는 능력을 가지고 있는가?

셋째, 첫째 질문은 우선순위(priorities)를 다루는 것이고 둘째는 생산능력(capacities)을 다루는 것이다.

① 우선순위는 완료시기까지 주문의 상대적 순서를 정하는 것으로 어떤 자재가 언제 요구되는지를 결정(MRP는 일종의 우선순위계획수립 양식이 됨)해야 한다.

② 능력계획수립은 노동과 설비의 소요와 관계된 것으로 어떤 노동과 설비의 능력이 요구되고 그것이 언제 요구되는지를 결정하는 것이다. 초과능력은 자원의 낮은 생산성을 가져오고 부족능력은 고객에 대한 서비스 부족을 초래한다. [그림 9-6]은 생산능력계획 수립과정을 도식화하였다.

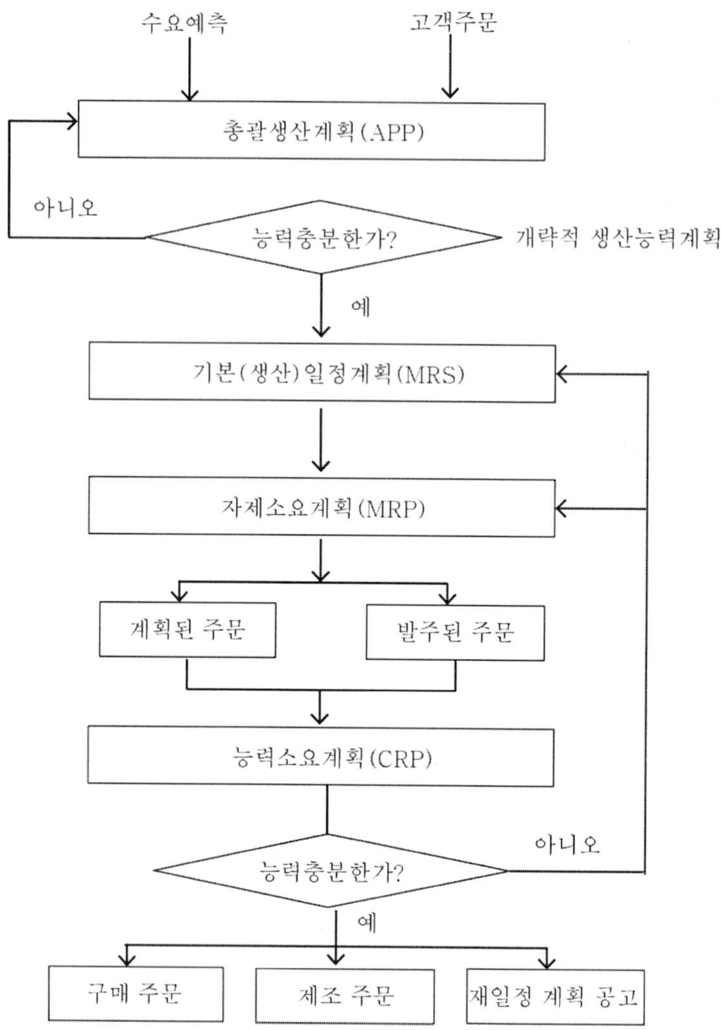

「그림」 9-6.생산능력계획수립과정

[3] MRP시스템의 운영지침

MRP의 성공적 운용을 위해서는 최고경영자의 강력한 후원과 조직전반에 걸친 충분한 교육이 실시되어야 한다. 다음 MRP도입과 운영에 몇가지 지침을 요약하였다.

① 철저한 사전준비계획

② 적절한 컴퓨터의 지원

③ 정확한 자료준비(재고기록의 정확도를 유지, 개선하고 주기적인 집계시스템 도입 필요)

④ 경영자의 관심과 지원

⑤ 사용자의 지식 : 미국의 사례를 예를 들면, 30,000개 부품번호에 70,000개의 자재명세서를 사용시 97%이상이면 정확한 재고기록을 유지하고 85%이상이면 재고량이 감소하며, 자재조달기간이 63% 절감되고 자재구입회수도 1일 100회이던게 10회로 줄어든다.

4 MRP-Ⅱ와 ERP

4.1 MRP-Ⅱ(제조자원계획)

[1] 종래의 MRP 개념을 확대하여 기업의 전반적인 업무를 포괄하여 다룰 수 있는 확장된 개념이다.

[2] 목적은 생산, 마케팅, 재무, 공학기술 등 제조기업의 모든 자원들을 폐쇄회로 시스템을 통하여 계획하고 조정하려는 데에까지 확장되고 있다.

[3] 대표적인 예로 COPICS를 들 수 있다.

① 수요예측부터 공정관리, 설비보전의 문제에 이르기까지 제조시스템이 갖는 모든 문제들을 컴퓨터와 직접 연결시켜 처리해 보겠다는 목적을 갖고 하는 것이다.

② 얻을 수 있는 효과로는 재고의 감소, 고객서비스의 향상, 생산설비의 활용, 재공품의 감소, 생산성 증대, 품질향상, 비용절감, 위험감소, 정보처리의 신속 등을 들 수 있다.

4.2 ERP(Enterprise Resource Planning, 전사적자원관리)

[1] 전사적 자원관리는 1960년대 MRP와 1980년대 MRP-Ⅱ의 개념을 모태로 하여 발전되었으며, 제조, 회계, 물류, 판매 등 기업 내 제반 업무가 조화롭게 수행될 수 있도록 지원하는 응용소프트웨어의 집합체로 정의된다.

[2] ERP시스템

① 기업 내의 제조, 물류, 회계, 인사, 재무, 판매 등 모든 업무프로세스를 실시간 정보공유를 바탕으로 통합적으로 지원하여 업무의 효율화 및 의사결정의 신속화를 도모하고자 하는 것이다.

② 정보시스템의 혁신은 업무프로세스의 혁신과 동반하여 이루어지는 것이 일반적이다.

③ ERP는 구매, 생산, 판매로 이어지는 supply chain상의 정보 및 물자의 신속하고 정확한 활용과 이동을 위한 것이다. 이를 통해 고객서비스 향상과 기업이윤 증대라는 두 가지 중요한 기업목표를 달성하는 데에 커다란 도움을 줄 수 있다.

④ 전사적 자원관리로 MRP-Ⅱ를 기반으로 생산, 조달 등 기업전반의 업무프로세스를 통합하는 정보시스템으로 BPR(업무프로세스의 혁신)과 함께 이루어지는 것이다.

⑤ JIT, CALS, ERP 등은 모두 일맥상통하는 것이라 할 수 있다.

Chapter

10

재고관리

01 재고관리의 기초개념

1 재고관리의 기초개념

1.1 재고(Inventory)

1.1.1 재고의 의의 및 종류

재고란 사용되지 않은 자원을 나타내며, 첫째, 물건의 흐름에 따라서는 원재료, 재공품, 완제품 등으로 나눌 수 있다. 둘째, 보유목적에 따라서는 안전재고, 비축재고, 롯트사이즈 재고, 수송 중 재고 등으로 나눌 수 있다.

1.1.2 재고의 기능

계획의 오차, 수요와 공급의 예상치 못한 불규칙적 변동 등에 대처하게 하는 것이다. 생산활동과 판매활동을 원활하게 하며, 가격변동으로 인한 이익의 실현을 가능케 하는 기능을 가진다.

1.1.3 재고관리(inventory management)

재고관리란 수요에 신속히 그리고 경제적으로 적응할 수 있도록 재고를 최적상태로 관리하는 절차를 말한다.

[1] 재고관리의 목표는 총재고비용(재고유지비 + 주문비, 준비비 + 재고부족비)의 최소화에 있다.

[2] 재고관리의 기본문제

① 1회주문량(생산량)은 한번에 얼마만큼씩 주문할 것인가?
② 주문(생산)시점의 결정은 언제 주문할 것인가?
③ 재고수준을 정확히 파악할 수 있는가?

1.1.4 재고관리와 관련된 비용

[1] 재고유지비(carrying cost)

① 재고를 보관, 유지함에 따라 발생하는 비용(보관비, 보험료 등)을 말한다.

② 재고량이 많을수록 재고유지비는 증가한다(변동비의 성격을 가짐).

③ 단위시간당 1단위의 재고를 보유하는데 소요되는 비용 또는 평균재고가치의 백분율로 표시한다.

[2] 주문비 또는 재고준비비(ordering cost)

① 재고의 보추에 소요되는 비용(청구비, 수송비, 검사비, 하역비 등) 또는 재고를 확보하기까지의 활동과 관련되어 발생하는 비용을 말한다.

② 주문량에 관계없이 1회 주문당 주문비는 일정하다(고정비의 성격을 가짐).

③ 1회 주문에 따른 화폐적 비용으로 표시한다.

[3] 재고 부족비(shortage cost)

재고를 보유하지 못함으로써 발생하는 비용(판매기회 상실, 고객들의 불신, 생산기회의 차질 등에 의한 손실)을 말한다. 그리고 재고량이 많을수록 재고 부족비는 감소하게 된다.

1.1.5 재고관리 모형

① 고정주문량 모형은 정량발주시스템, 주문점 방식, 지속적 재고시스템, Q시스템, 경제적 주문량, 경제적 생산량, 투빈 시스템, 단일기간 재고모형 등이 있다.

② 고정주문기간 모형에는 정기발주시스템, 정기실사시스템, P시스템 등이 해당된다.

③ 절충모형은 Min-Max시스템(=s S시스템)이 해당된다.

④ 기타 재고관리 모형에는 ABC관리법, 자재소요계획, 적시관리시스템 등이 해당된다.

1.2 고정주문량모형(Q System)

재고수준이 미리 정해진 재주문점(reorder point) R에 도달하면 일정한 양 Q만큼 주문하는 모형이다. 재주문점 도달하는 시기는 재고품목의 수요에 따라 달라지므로 주문 간격은 일정하지 않다. 그리고 재고수준이 재주문점 R에 도달하였는지를 알기 위해서는 계속적으로 재고수준을 검토해 보아야 하므로 고정주문량모형은 계속 재고검토시스템(Continuous review system)이라고도 불린다. 또한 주문 간격은 일정하지 않지만 주문량은 매번 Q로 일정하기 때문에 고정주문량모형을 Q시스템이라고 한다. 조달기간(lead time) 즉, 주문시점부터 주문한 물품이 도착할 때까지 걸리는 시간을 L이라고 할 때 고정주문량시스템은 다음 [그림 10-1]과 같다.

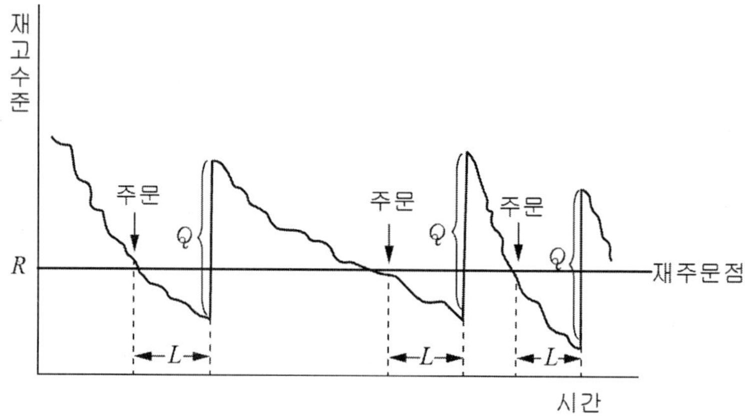

그림 10-1. 고정주문량시스템

위 [그림 10-1]은 재고수준이 재주문점 R에 도달할 때마다 일정한 양 Q만큼 주문하며, 주문량 Q는 조달기간 L이 지나면 들어온다(여기서 조달기간 L은 일정한 경우도 있고 그렇지 않은 경우도 있음). 수요변화에 따라 재고수준이 재주문점 R에 도달하는 시간간격은 매번 달라지므로 주문간격은 일정치 않다. 고정주문량모형에서는 재고와 관련된 총비용이 최소가 되도록 재주문점 R과 1회 주문량 Q의 최적값이 결정되어야 한다.

[1] 경제적 주문량(EOQ: economic order quantity)모형은 재고주문비용과 재고유지비용의 합을 최소화하는 것으로 1915년 해리스(F. W. Harris)에 의해 고안되었다.

① EOQ모형의 가정은 분석기간 중 재고에 대한 수요는 확실하며, 재고의 사용률(d)이 일정하다. 재주문은 재고가 0일 때에만 가능하며, 재고는 주문과 동시에 조달된다. 조달기간이 0이며, 재고부족비는 없다. 그리고 1회 주문비는 주문량의 크기와 관계없이 일정하며, 재고유지비는 재고수준에 비례한다. [그림 10-2]는 경제적 주문량 모형을 도식화하였다.

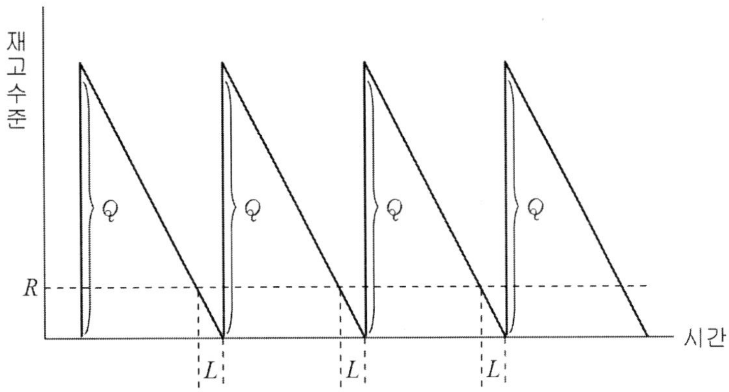

「그림」 10-2. 경제적 주문량 모형

[2] 경제적 주문량의 결정

① 경제적 주문량은 총재고비용을 최소화시키는 1회 주문량을 말한다.

② 총재고비용 = 연간 주문비+연간 재고유지비(재고부족비는 없다고 가정함)

$$\text{연간 주문비는} = O\frac{D}{Q}$$

(단, O는 1회주문비, D는 연간 재고수요량, Q는 1회주문량, $\frac{D}{Q}$는 연간주문회수)

$$\text{연간 재고유지비} = C\frac{Q}{2}$$

(단, C는 단위당 연간재고유지비, $\frac{Q}{2}$는 평균재고량)

$$\text{총재고비용(TC)} = O\frac{D}{Q} + C\frac{Q}{2}$$

③ 경제적 주문량

경제적 주문량은 연간 총비용 TC를 최소화하는 주문량(Q)이므로 TC를 Q에 대해 미분한 뒤 0으로 놓고 Q에 대해서 풀면 다음과 같이 구할 수 있다.

$$Q^* = \sqrt{\frac{2OD}{C}}$$

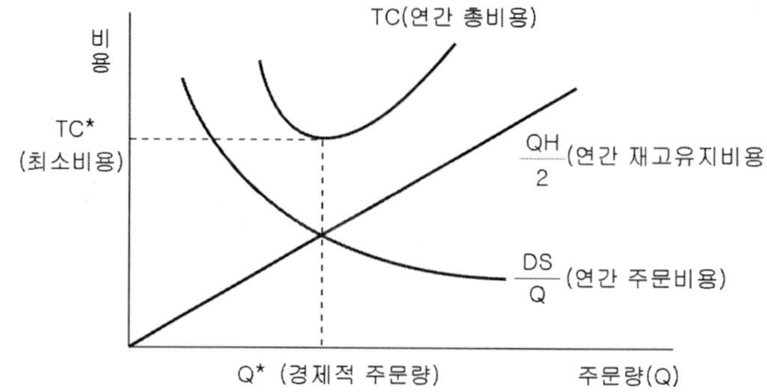

그림 10-3. 주문량과 비용간의 관계

- H는 연간단위당재고유지비(C)를 의미한다(QC/2 = QH/2).
- S는 1회 주문비용 혹은 준비비용(O)를 의미한다(DO/Q = DS/Q).

[3] 경제적 생산량(EPQ)모형

재고를 생산공장에 주문할 경우, 일정한 제조기간 동안 연속적으로 생산이 되므로 재고가 점진적으로 보충되게 된다. 이러한 경우의 재고모형이 EPQ모형이다. 즉, EOQ모형에서 재고가 주문과 동시에 조달된다는 가정을 완화한 모형이다. 일정한 생산기간 동안 재고가 점진적으로 쌓이게 되는데 이 경우 비용을 최소화하는 주문량을 경제적 생산량(EPQ)이라고 한다. 만일 자체의 공장에서 생산에 필요한 만큼, 필요한 양을 조달한다면 사용률과 생산율이 같아지므로 쌓이지 않고 생산로트의 크기는 문제도 발생하지 않는다. 그러나 대부분의 경우 생산율이 사용률보다 크게 나타난다. 생산률(P)이 사용율(D)보다 크므로 생산이 이루어지는 구간에서는 재고수준이 점점 증가하게 된다. [그림 10-4]에서와 같이 생산율과 사용률의 차이만큼 재고수준이 증가함을 알수 있다.

예를 들어 일일 생산율이 20단위이고 일일 소비율이 5단위라면 재고는 15단위씩 매일 증가하는 것이다. 이렇게 계속해서 증가하는 재고수준은 생산중단 시점에서 최고수준이 된 후 계속 감소하다가 재고가 고갈되면 생산은 재개되고 이러한 주기가 반복되는 것이다.

① EPQ모형의 가정

- 재고는 일시에 보충되지 않고 일정기간(tp)에 걸쳐 점진적으로 증가한다.

• 수요량(사용률)은 일정하다(단, 생산량p〉수요량d).
• 생산기간(tp) 동안의 단위시간당 재고 보충량은 (p−d)이다.
• 생산기간동안 재고는 (P−D)의 비율로 증가하므로 최대재고수준은 (P−D)Q/P이며, 평균재고수준은 최대재고의 1/2이므로 (P−D)Q/2P가 된다.
• 연간재고비용은 (P−D)QC/2P이다.

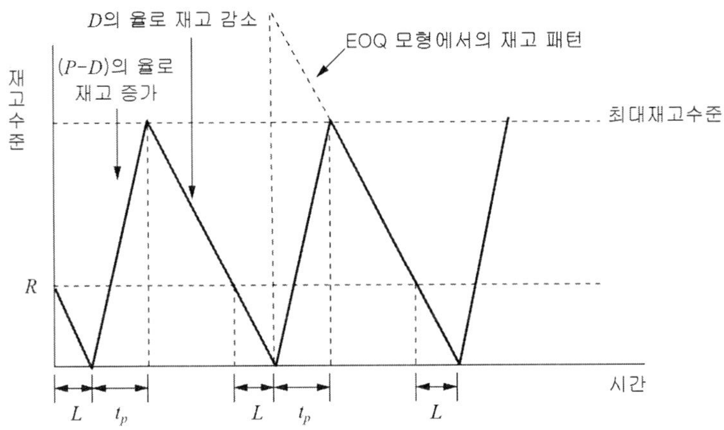

그림 10-4. 경제적 생산량 모형

② 경제적 생산량의 결정

• 경제적 생산량은 총재고비용을 최소화시키는 1회 생산량을 말한다.
• 총재고비용=연간 준비비 + 연간 재고유지비

$$연간준비비 = O\frac{D}{Q}$$

(단, O는 1회주문비, D는 연간 재고수요량, Q는 1회주문량, $\frac{D}{Q}$는 연간주문회수)

$$연간\ 재고유지비 = C\frac{Q}{2} = C\frac{Q}{2} \times \frac{p-d}{p}$$

(단, C는 단위당 연간재고유지비, $\frac{Q}{2}$는 평균재고량)

$$총재고비용(TC) = O\frac{D}{Q} + C\frac{Q}{2} \times \frac{p-d}{p}$$

③ 경제적 주문량

• 경제적 주문량은 연간 총비용 TC를 최소화하는 주문량(Q)이므로 TC를 Q에 대해 미분한 뒤 0으로 놓고 Q에 대해서 풀면 다음과 같이 구할 수 있다.

$$Q^{*} = \sqrt{\frac{2OD}{C} * \frac{p}{p-d}}$$

(단, p〉(p-d)이므로 EPQ〉EOQ)

[4] 투빈시스템(two-bin system)

① 의의

투빈시스템(two-bin system)이란 재고를 2개의 용기에 나누어 놓고 한 용기의 재고를 모두 사용하면 주문을 하고 조달기간 동안에는 다른 용기의 재고를 사용하는 과정을 차례로 반복하는 재고관리 기법이다.

② 적용분야

소매점이나 백화점에서 많이 사용하는 방법이며, 제조업체에서는 볼트나 너트와 같이 수량이 많고 부피가 적은 저가품의 관리에 이용된다.

[5] 단일기간 재고모형

① 의의

단일기간 재고모형(single period model)은 물품의 수요가 1회적이며, 재고기간 내지 수명이 짧은 1회성 재고의 주문량(생산량)이나 재고수준을 결정하는 모형이다. 즉, 제품수명주기가 아주 짧거나 수요가 극도로 계절적인 제품을 그 주요대상으로 하여 신문팔이 모형이라고도 한다. 여기서 수명주기가 짧은 제품으로는 신문, 잡지 등의 정기간행물이나 야채, 육류, 생선과 같은 부패성 품목을 들 수 있다.

② 적용분야

적용분야는 부패성 물품인 식료품이나 사용기간이 제한된 물건(신문,잡지 등)과 유행성, 계절성 상품의 경우 적용된다.

③ 관리상의 주요문제는 주문량을 결정할 때 고려할 두가지 비용이 있다. 첫째는 결손비용(=재고부족비)은 재고를 너무 적게 보유함으로써 기인하는 미충족 수요 한단위당 발생하는 비용이며, 둘째, 초과비용(=재고과잉비)은 재고를 너무 많이 보유함으로써 기인하는 기말의 잔여품목 한 단위당 발생하는 비용이다.

④ 단일기간 재고모형의 핵심
재고부족비와 재고과잉비의 합이 최소가 되는 주문량 또는 재고수준을 결정하는 것이다. 단일기간 재고모형에서는 주문이 1회 밖에 없고 재고기간이 짧기 때문에 주문비와 재고유지비는 중요하지 않다.

1.3 고정주문기간모형(P System)

1.3.1 정기주문모형

[1] 의의

정기주문모형에서는 일정기간마다 不定量(최대재고량-현재의 재고보유량)을 주문하는 방법으로 고정주문량모형보다 더 많은 안전재고를 유지해야 하므로 높은 재고유지비용이 발생한다. 예컨대, 매주말마다 또는 매월말마다 주문하는 재고모형을 정기주문모형이라고 한다. 정기주문모형에서는 주문시점마다 필요한 양을 주문하는데 보통은 목표재고수준은 재고보충수준을 미리 정해 놓고 주문시점의 재고수준과 목표재고수준과의 차이만큼을 주문한다. 따라서 수요변화에 따라 주문량은 매번 달라진다. 정기주문모형에서는 계속적으로 재고수준을 검토할 필요가 없으며, 다만 매 주문시점마다 주문량을 결정하기 위하여 정기적으로 재고수준을 검토함으로 정기재고검토시스템(periodic review system)이라고도 하며, 또한 주문기간 또는 주문간격이 매번 일정하다고 해서 P시스템이라고 한다.

[2] 적용분야

① 주기적으로 조달되는 물품
② 여러 물품을 동일한 공급자로부터 공급받는 경우
③ 주문기간이 짧은 경우에는 고정주문량모형보다 엄격하여 중요도가 높은 제품에 적용

[3] 주문량(Q)은 주문시마다 변동하는 부정량(不定量)

$$Q=T-I-D1+D0$$

(단, T는 미리 정해놓은 목표(최대)재고수준=주문일 사이의 수요량+안전재고,
I는 현재의 재고보유량, D1은 입고되지 않은 기 주문량,
D0는 미납주문으로 처리된 양)

[4] 적정주문 검토기간(P) : 발주시기

$$P=\frac{\text{경제적 주문량}}{\text{연간 총수요량}}=\frac{Q}{D}=\sqrt{\frac{2OD}{D^2C}}=\sqrt{\frac{2O}{DC}}$$

($\because\ Q=\sqrt{\frac{2OD}{C}}$)

[그림 10-5]는 정기주문량을 나타내는데 M은 목표재고수준을 나타내고 T는 일정한 주문간격, Q1, Q2, Q3은 매번의 주문량을 의미하며, 실제재고수준이 목표재고수준에 도달하는 경우는 조달기간 L이 0인 경우이다. 정기주문모형은 주문주기 T와 목표재고수준 M에 의해 완전히 결정되므로 T와 M의 최적값이 결정되어야 한다.

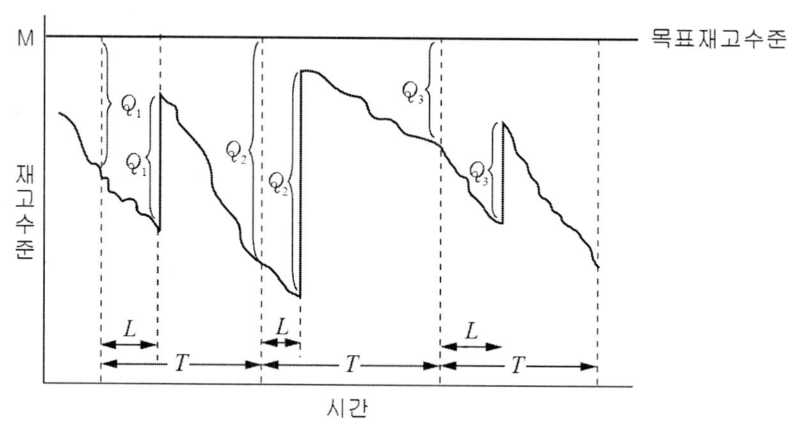

그림 10-5. 정기주문모형

참고!

현실에서 Q시스템과 P시스템, 그리고 주문량 시스템의 여려 변형이 사용되고 있는데 일반적으로 P시스템이 Q시스템보다 선호된다.

① 주문이나 납품이 특정기간마다 이루어지는 경우에는 P시스템이 사용되어야 한다. 예를 들면, 식료품점이 통조림 제품을 매주 주문하여 납품받는 경우에는 P시스템이 사용된다.

② 동일한 공급자에게 여러 품목을 함께 주문하여 납품받는 경우에는 P시스템이 사용되어야 한다. 이 경우 공급자는 여러 품목을 합하여 단일 주문을 받는 것을 선호한다. 예를 들면, 페인트 공급자에게 여러 가지 색상의 페인트를 함께 주문하여 한꺼번에 납품을 받는 경우가 이에 해당한다.

③ 볼트나 너트와 같이 계속적으로 재고기록을 하지 않는 값싼 품목에 대해서는 P시스템이 사용된다. P시스템은 재고의 보충이 사전에 정기적으로 계획되고 재고기록이 덜 요구된다는 이점을 갖고 있다. 하지만 P시스템에서는 재고수준을 계속적으로 검토하지 않고 매 주문주기의 말마다 정기적으로 검토하기 때문에 조달기간뿐만 아니라 주문주기기간에 대해서도 품절의 위험에 대비한 안전재고를 요구한다. 따라서 고가의 품목에 대해서는 안전재고에 대한 투자를 줄이기 위해서 Q시스템이 사용되기도 한다. (표 10-1)은 고정주문량모형과 고정주문기간모형을 비교하여 제시해 두었다.

표 10-1. 고정주문량모형과 고정주문기간모형의 비교

비교사항	고정주문량모형	고정주문기간모형
주문시점	재고량이 재주문점에 이르렀을 때 주문함 → 부정기적	미리 정한 주문시점에 이르렀을 때 주문함 → 정기적
주문량	정량(예: 경제적주문량)	부정량(최대재고량-현재고)
수요정보	과거실적에 의존함	장래의 예측정보에 의존함
제고조사	계속실사검토	정기실사검토(재주문점 도달시)
적용품목	가격과 중요도가 낮은 품목 수요변동의 폭이 작은 품목	가격과 중요도가 높은 품목 수요변동의 폭이 큰 품목
안전제고	안전재고가 작음	안전재고가 큼

1.4 절충모형(Min-Max system = s, S system)

[1] 의의

고정주문량모형과 고정주문기간모형을 결합한 모형으로 고정주문기간모형에서와 같이 재고수준이 정기적으로 검토되지만 사전에 결정된 재주문점(reoder point: R)이하에 이를 때만 주문하는 방법이다.

- 주문량 : 최대재고량(T)-현재의 재고보유량(I) (단, 발주량이 고정되지 않음)

[2] 문제점

- 고정주문량모형에 비해 주문량의 계산이 어렵다.
- 주문량이 변하기 때문에 많은 안전재고가 필요하다.

1.5 ABC 관리법

[1] 의의

ABC관리법은 재고자산의 품목이 다양한 경우, 이를 효율적으로 관리하기 위하여 재고의 가치나 중요도에 따라 재고자산의 품목을 분류하고 관리하는 방법이다. 중점관리대상은 가치가 크고 사용량이 적은 A품목이 된다.

[2] 재고의 분류

- 분류기준 : 파레토 분석
- ABC관리법에서는 재고품목을 연간사용금액(=단가 연간수요)에 따라 A, B, C 3가지 품목으로 분류할 수 있다. (표 10-2)는 ABC관리법의 품목별 특성을 요약하였으며, [그림 10-6]은 ABC분석 도표를 도식화하여 제시해 두었다. (표 10-3)은 품목별 관리방법을 제시해 두었다.

「표」 10-2. ABC관리법의 품목별 특성

품목	내용	사용량 비율	가치비율
A	가치는 크지만 사용량이 적은 품목	10~20%	70~80%
B	가치와 사용량이 중간에 속하는 품목	20~40%	15~20%
C	가치는 적지만 사용량이 많은 품목	40~60%	5~10%

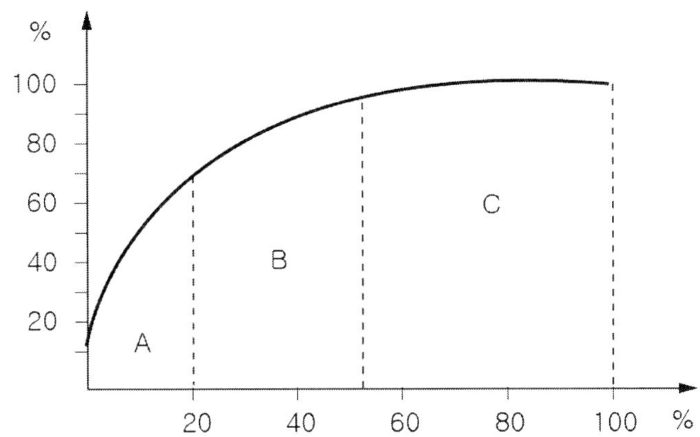

「그림」 10-6. ABC분석 도표(Y축은 가치의 누계, X축은 품목비율의 누계)

「표」 10-3. 품목별 관리방법

품목	관리정도	구매승인	롯트규모	주문주기	안전재고
A	정밀관리	최고경영층	소량	짧게(주별)	소량
B	정상관리	중간관리층	중량	중간(격주, 월별)	중량
C	일반관리	하위관리층	대량	길게(분기별)	대량

Chapter

11

작업인력의 관리

01 인력관리의 목적
02 작업 인력관리의 운영절차
03 인력관리의 원칙
04 작업방법의 연구
05 표준시간의 설정을 위한 작업측정방법
06 직무설계
07 작업방법의 연구

1 인력관리의 목적

1.1 인력관리의 목적

작업인력 관리는 단순한 몇가지 요인에 의해 결정되는 것이 아니다. 인간에 관한 문제는 어느 경우나 단순한 계량적 모형의 범위를 벗어나는 매우 복잡한 양상을 띈다.

[1] 인간이란 과학의 척도로 가능하기 어려운 내용을 너무 많이 포함하고 있다.

[2] 인력관리의 목적은 최대한의 성과와 만족스러운 수준의 성과이다.

[3] 성과의 목표는 생산성이 가장 일반적이며 그외 비용, 품질, 신축성, 신뢰도 등이 있다.

① 최대한의 성과는 응용가능한 여러 가지 제약조건속에서 가능한 성과의 극대화를 노리는 것이다.

② 만족스런 성과란 기업이 업계에 계속 살아남아서 자본과 인력, 정부의 지원, 소비자들을 계속 끌어 올 수 있는 수준의 성과(사이몬 주장)이다.

③ 성과의 달성, 즉 작업결과가 어떠했는가 하는 것이다.

1.2 작업인력 관리자의 자세

① 작업성과의 향상이 작업자의 만족 뒤에 자동적으로 따르게 된다는 기대는 곤란하다.

② 작업자들의 만족을 목적으로 삼을 것이 아니라 적절한 성과의 수준을 목적으로 삼도록 해야 한다.

③ 만일 작업자들이 달성한 성과에 대한 보상만 적절하게 받는다면 만족은 성과에 뒤따르게 될 것이다.

2 작업 인력관리의 운영절차

작업인력 관리는 통상적으로 다음의 절차를 따른다.

① 직무설계 : 각 작업자가 수행해야 할 직무를 구체적으로 설정

↓

② 선발 : 필요인원을 조직의 내부 또는 외부로부터 선발

↓

③ 교육, 훈련 : 직무수행을 위해 필요한 교육 및 훈련을 실시

↓

④ 작업수행

↓

⑤ 평가, 보상 : 적절한 평가기준을 마련하고, 동기부여를 위한 보상체제를 수립

[1] 직무설계, 선발 및 교육 훈련

직무설계이전에 제품에 대한 규정이 미리 정해지므로 대부분 직무는 미리 결정된다. 따라서 신축성의 여지가 없는 경우가 많다.

① 직무설계는 각 작업자가 수행해야할 직무를 구체적으로 결정한다. 작업자의 성과와 만족도에 지대한 영향을 미친다.

② 선발은 직무설계에 따라 조직내부와 외부에서 필요인원을 선발한다.

③ 교육, 훈련은 직무수행을 위한 교육훈련을 제공하고 생산시스템의 유연성 제공을 위해 다기능 교육이 필요하다.

[2] 작업수행 및 평가와 보상

표준시간설정, 작업평가 및 동기부여

① 작업수행은 표준시간의 설정과 작업평가 및 동기부여가 마련되어야 한다.

② 표준시간의 설정은 작업능력의 측정(생산계획 기초자료), 필요인원의 추정(인력계획의 기초), 표준작업량의 결정(작업생산성의 평가 및 보상기준)이다.

③ 표준시간 설정기법에는 time study(시간연구), PTS, 워크샘플링(표본조사를 통한 퍼센트 산출) 등이 있다.

④ 작업의 평가 및 보상에는 표준시간 설정을 통한 작업효율성의 평가와 효율성(= 생산단위당 표준시간/생산단위당 실제시간=단위시간당 실제생산수량/단위시간당 표준생산수량)이 해당된다.

3 인력관리의 원칙

작업인력관리의 유행은 1920년대 과학적 관리법에서 시작되어 1930년대 인간관계론으로 발전되었다. 그리고 1970년대 직무충실화 등으로 확대되어 현재까지 연구되고 있다.

3.1 사람과 직무의 조화

특정한 작업에 대한 작업자의 선택은 개개인 작업자의 차이와 작업에 대한 기호에 따라서 이루어져야 한다는 원칙이다.

3.2 성과표준의 설정

모든 직무에 대해서 성과의 표준이 개발되어야 한다.

3.3 성과표준에 대한 적절한 보상

보상은 여러 가지 형태의 것들이 포함될 것인데 급료 이외에도 승진, 직책, 그리고 여러 가지 부가급여가 있을 수 있다.

3.4 훌륭한 감독의 확립

① 감독자는 기술적인 면과 아울러 관리적인 면에서도 충분한 자격을 갖추어야 한다.
② 사람을 다루는 데 있어서도 평형감각을 갖고 있어야 할 것이다.
③ 좋은 감독자들을 만들어 내고 선발, 확보하는 일은 중간관리자가 해야 할 일이다.
④ 모든 감독자들은 행동과학의 이론과 실천에 관한 기본적인 지식을 갖추어야 할 것이다.

3.5 비전의 제시

① 작업의식의 변화 : 생존보다는 삶의 질을 추구해 나가야 한다.
② 산업의 고도화 : 창의력 발휘를 통한 고부가가치 창출이 필요하다.
③ 통제보다는 자율에 의한 관리가 필요하다.
④ 주인의식을 갖게 하기 위해 미래 비전설정이 필요하다.

3.6 인간-기계시스템

대부분의 경우에 인간이 기계의 힘을 빌어서 그것을 도구로 사용하여 생산활동을 수행한다.

[1] 인간공학은 인간과 기계의 조화에 대해서 연구하는 학문 분야이다.

① 생산조직에서 직무에 영향을 주는 것은 인간과 기계의 조화가 절대적이다.
② 인간이 기계보다 우월한 면은 일반적으로 융통성이나 다양성, 논리적 능력, 귀납적 추리 능력 등이 해당된다.
③ 기계가 인간보다 우월한 면은 거대한 힘을 만들 수 있고 반복 작업을 신속, 정확하게 싫증내지 않고 수행할 수 있으며, 동시에 여러 가지 작업을 해낼 수 있는 점 등이다.

4 작업방법의 연구

작업방법의 연구는 공정분석, 작업분석, 동작분석 순으로 진행된다.

4.1 공정분석

① 작업방법을 개선하고 작업조건을 개선하기 위한 첫 단계로서 공정분석을 실시하여 가공방법을 연구하여야 한다.

② 공정분석은 제조과정이나 작업방법을 공정순서에 따라 각 공정의 조건, 각 단위작업의 요소 등에 관해 조사, 분석을 실시한다.

③ 여러 종류의 기호나 색깔, 표현형식 등을 사용한다.

4.2 작업분석

작업자에 의해서 행해지는 개개의 작업내용 개선에 역점을 두고 행한다.

4.3 동작분석

[1] 동작분석은 작업자의 행위나 작업동작을 분해 가능한 최소한의 분석 단위로 나누어 자세한 세부 분석을 통하여 동작 자체의 개선을 모색하는 데 그 목적이 있다.

[2] 동작분석에서 분석단위는 서블릭(therblig) 기호를 사용한다.

[3] 동작분석

① 동작분석의 종류에는 서블릭분석, 동작경제원칙, 필름분석, 아이카메라 분석 등이 있다.

② 필름분석의 종류에는 마이크로 모션 스터디, 메모 모션 스터디, VTR 분석, 스트로브 사진분석 등이 있다.

5 표준시간의 설정을 위한 작업측정방법

[1] 표준시간의 설정을 위한 작업측정방법은 테일러(Taylor)의 과학적 관리법에서 시작되었다. 바로 직무관리(task management)를 의미한다. 직무관리를 통해 작업방법의 개선, 임금지불의 기준으로 활용되었다.

[2] 표준시간의 유용성

① 작업능력을 추정하였다. 이것은 생산계획의 기초자료로 활용되었다.

② 필요인원에 대한 추정이다. 이것은 인력계획의 기초자료로 활용된다.

③ 표준작업량의 설정이다. 이것은 작업생산성의 평가 및 보상기준을 마련하는데 활용되었다.

5.1 Time Study법

[1] 실행단계

① 작업을 요소작업으로 나눈다.

② 각 요소작업을 수행하는 작업방법을 찾는다.

③ 작업자를 선발하여 훈련시킨다.

④ 각 요소작업의 소요시간을 측정한다.

⑤ 시간의 표준을 결정한다.

[2] 표준시간의 결정

① 정규작업시간 = 관측된 평균시간 * 평가계수 / 100

② 표준시간 = 정규작업시간 + 허용시간

5.2 PTS(Predetermined Time Standards)법

[1] 기본절차

① 기본(요소)동작의 데이터 베이스(DB)화를 추구하는 기법이다. 요소작업을 구성하는 요소동작들의 표준시간을 DB로부터 추출, 합산함으로써 요소작업의 표준시간을 추정한다.

② 작업을 구성하는 요소작업들의 표준시간을 합산함으로써 작업의 표준시간을 추정한다.

[2] 장 · 단점

① 정확성이다. 산업공학자들의 주장에 의하면, 충분한 횟수를 측정하여 DB화하였기 때문에 time study의 경우보다 정확한 경우가 많다.

② 비용이 저렴하다. DB를 사용하므로 실제측정에 의해 표준시간을 산출하는 time study법 보다 저렴할 수 있다.

③ 단점은 모든 작업이 DB화되기는 어려우며, 작업마다 난이도가 다를 수 있다.

5.3 Work Sampling법

[1] 실행절차

① 표본수의 결정이다. 예비조사된 작업 또는 비작업, 정확도, 신뢰도에 의해 수집된 데이터의 결정이다.

② 조사시각의 선정이다. 주로 난수표를 이용하여 선정한다.

③ 조사표의 작성이다. 정해진 조사시각에 작업, 비작업을 관찰하여 기록한다.

④ 정상적인 작업일인가를 판단한다. 상한선과 하한선을 설정하고 관찰치가 한계를 벗어나는지를 판단한다.

⑤ 개당 생산표준시간의 산출이다.
(단, 개당표준시간=총작업시간×작업(%)×작업능률지수/총생산량+여유시간)

[2] 사용시 유의점

믿을 수 있는 표본조사의 결과를 위해서는 통계학의 임의 표본추출이 필요하며, 동시에 조사시각의 선택도 무작위적으로 되도록 하여야 한다.

5.4 학습곡선효과

같은 직업이 반복될수록 능률의 향상을 기대하게 되므로 제품의 생산에 소요되는 단위 시간을 줄일 수 있게 되므로 작업향상현상 또는 공수체감현상이라고도 부른다.

6 직무설계

직무설계는 작업자 개인 또는 집단에서 할당된 일을 수행하도록 개별적 과업이나 활동을 규정하는 것이다.

[1] 직무설계에 고려해야 할 요소

① 사회기술적 접근방법이다. 기술적 요인과 사회적 요인을 직무설계에서 함께 고려해야 한다.

② 직무확대이다. 작업자의 권태를 막고 흥미를 유발시켜줌으로써 품질과 생산성증대 목적에 있다.

③ 직무의 폭에 따른 비용분류(스코빌의 연구)이다.

㉠ 임금

㉡ 감독비(직무의 폭이 넓을수록 감독에 소요되는 비용은 감소)

㉢ 원료낭비 및 품질관리비

㉣ 자본비용(작업자 한 사람에 대한)

[2] 직무설계에서 가장 중요하게 고려되어야 할 요소는 직무의 폭을 결정하는 일이다.

7 작업방법의 연구

작업방법의 연구란 불필요한 동작을 찾아내고 그 동작을 이상적이고 가장 효율적인 작업방법으로 구성하는 것을 말한다. 중요 작업방법 연구기법은 공정분석, 작업분석, 동작분석 등의 기법이 있다.

[1] 공정분석은 제조과정이나 공정순서에 따라 여러종류의 기호, 색깔, 표현형식 등을 사용하여 각 공정의 조건, 각 단위작업의 요소 등에 관해 조사분석한다. 해당 유형에는 제품공정분석, 사무공정분석, 작업자공정분석 등이 있다.

[2] 작업분석은 작업자 개개의 작업내용 개선에 역점을 두고 분석하는 것으로써 한 장소에서 일하는 작업자를 대상으로 한다.

[3] 동작분석은 작업자의 행위나 작업동작을 분해 가능한 최소한의 분석단위로 나누어 자세한 세부분석을 통해 동작자체의 개선을 모색한다. 동작분석의 종류에는 서블릭분석, 필름분석, 아이카메라 분석, 동작경제원칙 등이 있다.

[4] 필름분석의 예를 들 수 있다.

① 필름분석은 육안으로 놓치기 쉬운 작업이나 불안정한 작업 등 필요한 대상작업을 촬영하여 이것을 재현하여 한 프레임씩 동작의 내용, 순서 및 동작시간을 상세히 분석하는 것을 말한다.

② 필름분석의 종류에는 마이크로모션스터디, 메모모션스터디, VTR분석, 사진분석 등이 있다.

Chapter

12

작업 생산성 관리

01 표준시간의 설정을 위한 작업측정방법
02 시간연구(Time Study)
03 작업능률손실 개선

1 표준시간의 설정을 위한 작업측정방법

1.1 표준시간의 개념

작업측정과 방법연구는 테일러의 과학적 관리법에 그 뿌리가 있다. 테일러는 작은 동작의 연구에서 작업방법을 개선하였고 시계를 사용하여 작업시간을 측정하려고 하였다. 이는 임금 지불기준을 합리적 설정하기 위해 작업시간을 측정하기 위한 것이었다. 테일러의 주장을 과업관리라고 하는데 여기서 과업이란 임금의 지불을 위한 생산의 표준이다. 표준이란 통제의 기준 뿐만 아니라, 경영관리의 가장 기본적인 출발점이다. 표준시간의 유용성(설정목적)은 첫째, 작업능력의 추정이다. 이것은 생산계획의 기초자료로 활용된다. 둘째, 필요인원의 추정이다. 이것은 인력계획의 기초자료로 활용된다. 셋째, 표준작업량의 설정이다. 작업생산성의 평가 및 보상기준의 척도가 된다. 또한 표준시간은 유사한 작업이라도 회사나 기업마다 차이가 있을 수 있는데 보통은 일반작업자가 정해진 시간에 표준방법으로 해당 작업을 수행하는데 필요한 시간으로 이것은 실동시간과 여유시간을 포함하며, 그 합계를 의미한다.

1.2 표준시간의 구성

[1] 실동시간(정미시간)은 작업을 하는데 필요한 실질시간을 말한다.

[2] 여유시간은 작업 중에도 여러 가지 일이 발생하기 때문에 실동시간외에 여유를 두어야 하는데, 이를 위해 할증해 두는 시간을 말한다. 여기에는 작업여유, 직장여유, 피로여유, 개인 생리적여유, 작업반여유, 숙련여유, 기계여유 등이 있다.

① 작업여유는 재료운반, 재료의 불합치, 공구의 연마나 교환, 도면을 보는 일 등 작업을 하기 위해 걸리는 시간이 있으므로 이에 대한 여유를 의미한다.

② 직장여유는 조회, 시종무 때의 청소, 단시간의 작업대기, 재료대기 등의 작업장의 관리방법으로 인해 발생하는 시간으로 실질작업을 할 수 없는 시간에 대한 여유를 의미한다.

③ 피로여유는 작업자가 피로해서 그 피로를 회복하기 위한 휴식과 피로했기 때문에 작

업이 지연되는 시간에 대한 여유를 의미한다.

④ 개인 · 생리적 여유는 용변, 물마시기, 작업자 자신의 생리적인 이유나 잡무로 소비되는 시간에 대한 여유를 의미한다.

⑤ 작업반여유는 일관작업 등에서 작업반을 짜고 작업할 경우 실동시간이 짧은 사람은 긴 사람의 작업이 끝날 때까지 대기하여야 하므로 그 시간차에 대한 여유를 의미한다.

⑥ 숙련여유는 새로운 작업, 새로운 사람, 새로운 작업반 같은 경우 작업에 익숙해지기까지 시간이 오래 걸리는데 이에 대한 여유를 의미한다.

⑦ 기계여유는 기계성능의 차이, 전압의 저하 등으로 시간이 많이 걸리는 일이 있는데 이에 대한 여유를 의미한다.

[3] 실동시간의 결정

실동시간 연구에는 요소작업 시간연구라는 방법이 널리 사용된다. 이 방법은 작업을 되풀이 할 경우의 1회분, 보통 1개의 가공을 끝낼 때까지의 연속된 작업으로 이 작업을 세분화하여 세분한 요소작업을 관측기록지에 기입하고 현장의 작업 진행사항을 보면서 종료시점을 스톱워치(stopwatch) 기록하고 몇 번의 사이클을 반복하는 것이다. 이 관측이 끝나면 요소작업시간, 사이클의 소요시간 등을 산출하는데 산출은 표준치를 적용하는 예정시간 표준법(PTS, predetermined time standard)에는 WF(work factor)분석과 MTM(methods time measurement)분석 등이 있다.

[4] 여유율의 결정

여유율의 결정에는 작업과 직장여유, 개인 및 생리적 여유는 가동분석에 의해 공장의 현상을 알아보면 그 비율을 알 수 있고 작업반 여유와 숙련여유 및 기계여유는 각각의 설정에 의해 정해진다. 비교해서 구하면 대략 기준을 얻을 수 있다. 또 피로연구라는 방법을 적용하기도 한다.

[5] 표준시간의 계산

실동시간과 여유율이 산출되면 다음과 같은 산출식으로 표준시간을 구할 수 있다.

① 표준시간 = 실동시간 * (1 + 여유율)

[6] 표준시간의 설정절차

표준시간의 설정절차는 [그림 12-1]과 같이 도식화 할 수 있다.

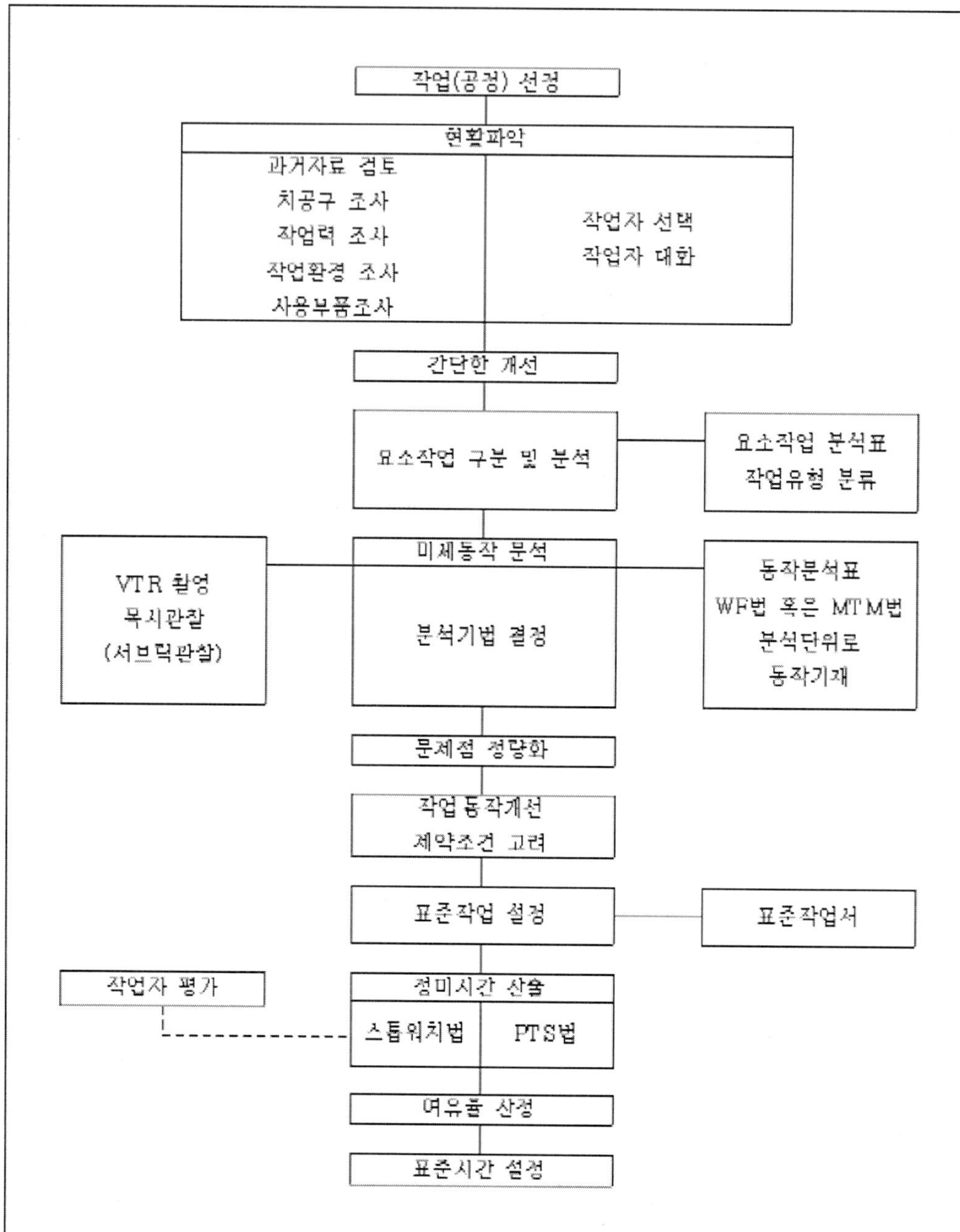

출처 : 한국생산성본부, 통합생산관리 매뉴얼(1997) 재인용

「그림」 12-1. 표준시간의 설정절차

2 시간연구(Time Study)

2.1 시간연구(Time Study)법

시간연구법은 스톱워치나 기록장치 등을 이용, 주어진 과업이 완수되는 데 필요한 시간을 측정하는 방법이다. 시간연구를 통해 생산활동을 수행하기 위한 표준시간을 마련하고 동시에 동작연구를 실시하여 표준작업 설계에 따른 작업표준이 마련된다. 시간연구 방법으로는 직접법과 간접법으로 구분할 수 있다. 직접법은 측정 대상이 되는 작업을 직접 관찰하여 작업시간을 측정하는 방법을 말하며, 흔히 기계식이나 스톱워치를 활용하여 연속적인 작업을 측정하는 것이며, 간접법은 작업을 직접 측정하는 대신에 사전에 결정된 시간이나 함수식을 토대로 표준시간을 추정하는 방법이다. 흔히 PTS(Predetermined Time Standard)법이 활용된다.

2.2 시간연구를 위한 5단계

① 작업을 요소작업으로 나눈다.

② 각 작업요소를 수행하는 작업방법을 찾는다.

③ 작업자를 선발하여 훈련시킨다.

④ 각 요소작업의 시간을 측정한다.

⑤ 시간의 표준을 결정한다(표준시간=정규작업시간 + 허용시간).
(단, 힘든 작업등은 50%까지도 허용시간이 주어지며, 좋은 작업조건의 경우 10~15% 정도가 주어진다. 그리고 소요시간의 변동성이 큰 작업이라면 관찰횟수를 늘려 신뢰도가 높아져야 한다.)

⑥ 허용시간의 크기는 작업조건에 따라 달라진다.

⑦ 정규작업시간(NT)=(관측된평균시간*평가계수)/100

⑧ 평가계수(RF: Rating Factor)는 측정된 작업자의 작업수행 능력 측정계수로 측정된 작업자가 평균 100을 중심으로 어느 정도 작업을 잘하는지에 따라 결정된다. RF가 125이면 평균보다 25% 일을 잘하는 작업자이므로 정규작업시간은 관측된 시간에서 25%만큼 늘어나야 할 것이다. 그 이후 쉬는 시간, 지연시간을 어

느정도 허용할 것인지에 따라 표준시간(Standard Time: ST)이 결정된다.

2.3 워크샘플링법

간단한 확률의 법칙(표본조사)을 사용하여 작업하는 인간이나 기계의 작업상태를 파악하는 데 활용될 수 있는 기법이다. 작업의 여러 요소에 소요된 시간의 비율이나 관심의 대상이 되는 항목이 차지하는 비율을 통계적인 개념을 사용하여 추정하는 방법이다. 충분히 긴 시간동안 무작위(random) 또는 규칙을 가지고 정해진 시점에서 연구대상을 순간적으로 관찰하여 관찰 대상의 상황을 파악하는 것이다.

① 워크샘플링의 장점은 공장뿐 아니라 사무실에서 업무를 수행하는 사무직원들의 집무상황도 표본조사를 시행함으로써 사무직원의 업무부하량이나 또는 사무직원 정원에 관한 1차적 자료를 손쉽게 구할 수 있다. 학습효과에 따른 작업향상도를 확인할 수 있다.

② 학습효과는 같은 작업이 반복될수록 능률의 향상을 기대하게 되므로, 제품의 생산에 소요되는 단위시간을 줄일 수 있게 되는 것으로 작업향상현상, 공수체감현상이라고 부른다.

③ 유의사항은 우리가 믿을 수 있는 표본조사의 결과를 위해서는 통계학의 임의표본추출이 필요하며, 조사시각의 선택도 무작위적이어야 한다.

2.4 PTS(predetermined time standards)법

① 모든 작업이 기본동작들의 모음으로 간소화 될 수 있다는 생각에서 비롯된 것이다.

② 기본동작에 소요되는 시간을 미리 작성된 시간치를 적용하여 개개의 작업시간을 합산하는 방법으로, 대표적인 것으로는 MTM법(1948, 메이나드가 중심이 되어 개발)이 있다.

③ MTM법의 절차는 다음과 같다.

첫째, 기본적 동작으로 세분화한다. (잡는다. 움직인다. 돌린다. 힘을 가한다. 등)

둘째, 동작들에 필요한 거리를 측정한다.

셋째, 요소동작들의 난이도를 평가하여 미리 정한 MTM표에서 해당자료를 찾아 요소동작들의 소요시간을 모두 더하여 표준시간을 구한다.

④ PTS의 장점은 평가를 할 필요가 없으며, 스톱워치를 사용하지 않고 대개의 경우

비용도 싸게 든다. 반면 단점으로는 동작을 분해하고 난이도를 부여하는 것으로 전문가들이 하는 일이나 사람에 따라서 나누어 놓은 기본동작의 구성이 다를 수 있고 또 난이도도 다를 수가 있기 때문에 모든 경우 PTS가 TIME STUDY 보다 더 정확하다는 주장에는 문제가 있다.

2.5 작업손실요소의 측정

표준시간을 활용한 작업손실요소의 측정은 작업현장의 근태관리, 생산활동 중에 발생하는 유실공수와 관리손실 그리고 원부자재의 입고지연, 작업의 미숙력이나 불량의 발생, 기계의 오작동, 수리시간의 과다 및 작업방법의 불명확화와 소통 지연 등의 4M에 입각한 작업손실로 구분할 수 있다.

① 관리손실은 투입공수에서 실동공수를 뺀 값을 의미한다.

② 작업손실은 실동공수에서 표준공수를 뺀 값(표준시간으로 설정된 값)을 의미한다.

2.6 표준시간 측정하기

2.6.1 스톱워치법을 적용하여 실동시간을 측정한다.

[1] (표 12-1) 실동시간 측정용 기록용지를 토대로 스톱워치 적용사례를 제시해 두었다. 먼저 기록용지에 부품명 및 약도, 해당 공정과 작업명, 기계명, 작업자와 관측자를 기입한다. 그리고 요소작업에 따른 측정을 수행한다.

표 12-1. 실동시간 측정용 기록용지

년 월 일

부품명 및 약도		
	공정	
	작업	
	기계	
	적업자	
	관측자	

요소작업			1회	2회	3회	4회	5회	6회	7회	8회	9회	10회	합계 개수	평균
1		개별												
		연속												
2		개별												
		연속												
3		개별												
		연속												
4		개별												
		연속												
5		개별												
		연속												
6		개별												
		연속												
7		개별												
		연속												
8		개별												
		연속												
9		개별												
		연속												
10		개별												
		연속												
11		개별												
		연속												
12		개별												
		연속												
개선 및 착안점														

출처 : 한국생산성본부, 생산성향상추진기법(1988)을 토대로 재구성(2022)

[2] (표 12-2) 실동시간 측정 기록용지를 참조하여 요소작업 구분에 따라 스톱워치법을 적용하여 4회 반복측정을 수행한다.

표 12-2. 실동시간 측정기록용지 작성본

요소작업			1회	2회	3회	4회	
			83				
1	가공품을 집어 축에 빨간 표식	개별	8	6	4	7	
		연속	91	71	74	85	
2	축에 끼움	개별	3	4	4	4	
		연속	94	75	78	89	
3	기계를 시동	개별	9	8	9	9	
		연속	103	83	87	98	
4	지석을 가공품에 댐	개별	4	4	3	4	
		연속	07	87	90	1002	
5	외경연삭(제1회)	개별	165	179	171	178	
		연속	272	566	861	1180	
6	공전시킴	개별	19	20	18	21	
		연속	91	86	79	1201	
7	스냅게이지로 잼	개별	8	7	9	10	
		연속	99	93	88	11	
8	지석을 가공품에 댐	개별	4	4	4		
		연속	303	97	92	-	
9	외경연삭(제2회)	개별	33	42	26		
		연속	36	639	918	-	
10	공전시킴	개별	18		19		
		연속	54	M	37	-	
11	스냅게이지로 잼	개별	7		9		
		연속	61	666	Δ46	-	
12	가공품을 떼어 놓음	개별	4	4	5	4	
		연속	365	670	978	1215	
13	드레싱	개별			27		
		연속			Δ973		
		개별					
		연속					
	사이클시간	개별	282	305	308	237	
		연속					

출처 : 한국생산성본부, 생산성향상추진기법(1988)를 토대로 재구성(2022)

① 스톱워치 사용법

스톱워치 사용법은 1회전 1분이고 한 눈금은 0.01분을 나타내고 있다. 단추를 누르면 바늘이 가고 또 한 번 누르면 멈추고 옆 단추를 누르면 바늘이 제자리로 돌아간다. 시간관측 용구를 놓을 관측판을 만들어 가슴과 팔에 밀착되게 하고 끈으로 목에 거는 것이 알맞다.

② 준비 및 유의사항

관측에 앞서서 우선 작업의 단계시점에 주의해서 요소작업으로 구분한다. 이 때 다음과 같은 점을 주의한다.

첫째, 작업과정을 반복해서 잘 보고 파악한다.

둘째, 시계를 보면서 자기가 충분히 측정할 수 있을 정도로 분할하고 자기의 관측능력이상의 욕심은 부리지 않는다.

셋째, 작업의 성질이나 목적별로 분할한다.

넷째, 준비 작업은 별도로 하고 어떤 일을 했고 어느 정도의 시간이 걸렸는가를 1분 단위 정도로 기록해 둔다.

다섯째, 단계시점은 실제작업과 다소 차이가 있어도 상관없으므로 뚜렷하고 측정하기 쉬운 것을 선택한다.

③ 관측방법

첫째, 관측을 시작하면 스톱워치는 작동시켜 놓은 채 눈은 작업의 주동작을 주시하고, 스톱워치의 바늘의 위치를 대강 생각하면서 관측한다.

둘째, 작업을 상세히 보면서 미리 정한 단계점이 되면 스톱워치의 바늘을 확인하여 관측용지에 기입하고 또 작업을 관측하는 식으로 필요한 횟수만큼 반복해서 관측한다.

셋째, 측정용 기록용지를 활용한다.

넷째, 확인한 시각은 연속란에 0.01분을 단위로 해서 기입한다. 또한 개별란은 기록이 끝나고 나서 계산을 하고 기입하는 난이므로 비워 둔다. 숫자를 기입할 때는 틀림이 없는 범위에서는 분자리의 숫자는 생략하고 아래 두 자리의 숫자만 기입하는 것이 일반적으로 사용되고 있는 방법이다.

다섯째, 예외 작업이 있을 때는 △표시를 해 둔다.

여섯째, 단계시점을 못보고 그냥 넘겼을 때는 2회의 10번 요소작업처럼 M이라 기입한다. 또한 보지 못하고 빠뜨린 것이 아니고 작업이 빠져서 하지 않았을 때는 보지 못하고 빠뜨린 것과 구별하기 위해 4회의 8번에서 11번 요소작업처럼 수평선(-)으로 표시한다.

일곱 번째, 만일 기록 도중에 혼란이 일어나면 지우고 처음부터 다시 하는 것이 좋다. 여덟 번째, 측정횟수는 10회에서 20회 정도가 보통이다.

아홉 번째, 한편 관측 중에 파악한 사항은 모두 하고 나중에도 알 수 있도록 해 둔다. 또한 관측 결과의 정리는 그날 중으로 빨리 끝마치는 것이 좋다.

열 번째, 정리방법은 요소작업의 연속숫자에서 그 앞의 요소작업의 연속숫자를 빼면 그 요소작업의 소요시간이 산출되므로 개별란에 기입한다.

2.6.2 워크샘플링을 적용하여 실동시간을 측정한다.

[1] 워크샘플링 개념

워크샘플링은 기계의 가동률 추정, 작업자의 적정 정원 또는 적정 기계대수의 결정, 여유율 산정과 표준시간의 추정 등에 활용되며 다음과 같은 상황에 적합하다.

① 충분히 긴 기간 동안 관찰이 가능해야 한다.

관찰결과의 통계적 신뢰성을 확보하기 위해서는 관찰횟수가 충분히 커야 하며, 이를 위해서는 관찰기간이 길수록 좋다.

② 관찰대상이 하나보다는 여럿인 경우에 주로 활용된다.

하나의 대상을 관찰하는데 소요되는 시간, 비용, 노력으로 다수의 대상을 관찰할 수 있기 때문이다.

③ 연속적인 관찰을 하지 않으므로 사이클 타임이 비교적 긴 작업에 적합하다.

④ 비 반복적인 요소가 많은 작업에 적합하다.

사이클 타임이 짧고 반복적인 작업은 관찰기간이 짧은 스톱워치법이나 PTS법을 적용하는 것이 더 정확한 결과를 제공한다.

[2] 워크샘플링 절차

① 조사의 목적 및 대상과 원하는 결과를 정의하고 워크샘플링이 원하는 조사에 가장 적합한 방법임을 확인한다.

② 관찰할 항목을 상세히 기술한다. 관찰의 대상이 되는 항목들은 서로 뚜렷이 구별될 수 있어야 한다.

③ 워크샘플링이 수행될 부서 감독자의 승인을 받는다. 대상 작업자를 포함한 작업자들에게 조사의 목적을 알리고 이해와 협조를 구한다.

④ 자료를 기입할 양식을 제작한다.

⑤ 하루 이틀 정도 예비로 관찰하여 지금까지 준비된 사항들에 문제가 없는지를 확인하고 관심 있는 항목의 발생비율을 추정한다.

⑥ 추정된 발생비율과 최종결과의 통계적 신뢰수준 및 허용오차를 고려하여 관찰 횟수를 결정한다.

⑦ 관찰자 및 관찰자 수, 관찰 기간을 결정하고 교대근무의 형태를 고려하여 관찰시점을 결정한다.

⑧ 실제 관찰을 수행하고 매일 자료를 정리하여 관찰이 끝나면 자료의 정확성을 확인하고 자료를 정리하여 보고서를 작성한다.

[3] 워크샘플링을 이용한 표준시간 설정

워크샘플링은 표준시간 설정에 응용될 수 있다. (표 12-3)과 같이 한 공장에서 신뢰수준 95%, 허용오차 ±5%로 정비작업을 1개월간 50,000회에 걸쳐 관찰하였다. 그 결과 가장 중요한 요소작업인 목공작업이 20,000회 관찰되었으므로 전체 정비작업에 소요된 3,840시간의 40%인 1,536시간이 목공작업에 소요된 것이라 할 수 있다. 단, 이는 여유시간이 전혀 없는 작업 상황을 가정한 것이다. 관찰 기간에 목공작업이 825회 이루어졌다면 1회 작업당 1,536시간÷825회 ≒ 1.86시간이 소요된 것이다. 이 작업의 일반 여유율이 15%이라면 표준시간은 1.86×1.15 = 2.13시간으로 추정할 수 있다.

표 12-3. 워크샘플링을 응용한 표준시간 설정 사례

요소작업	작업	관찰횟수	구성비(%)	시간
1	목공	20,000	40	1,536
2	용접	5,000	10	384
3	전기	2,500	5	192
4	기계수리	8,500	17	653
5	청소	2,000	4	154
6	이동	4,000	8	307
7	문서작업	3,000	6	230
8	유휴	5,000	10	384
합계		50,000	100	3,840

출처: 박희석 외 4인(2014), 작업관리, p.273

[4] 장·단점

① 장점

- 연속적인 관찰을 할 필요 없이 정확한 결과를 얻을 수 있다.
- 1명의 관찰자가 여러 대상을 관찰할 수 있다.
- 관찰자는 관찰시점 사이에 다른 작업을 수행할 수 있다.
- 상대적으로 적은 시간과 비용으로 연구를 수행할 수 있다.
- 작업자의 작업에 방해나 영향을 덜 미친다.
- 조사기간을 길게 하여 평상시의 다양한 작업 상황을 반영할 수 있다.
- 관찰의 신뢰수준과 정확도를 미리 계획할 수 있으며, 그 결과를 통계적으로 평가할 수 있다.
- 관찰 장비가 필요 없다.
- 관찰자에 대한 교육훈련이 쉽다.

② 한계점

- 통계적인 추정을 사용하므로 그 정확성을 100% 보장할 수 없다.
- 하나의 대상으로 연구를 수행한다면 연구비용이 다른 방법에 비하여 크다.
- 멀리 떨어진 여러 대상을 관측하기에는 어려움이 있다.
- 작업방법, 특정 작업요소의 길이, 작업요소 간의 발생순서는 알 수 없다.
- 관측항목을 분류하는 데 한계가 있기 때문에 작업 상황을 세밀히 관찰할 수 없다.

- 연구가 종료된 후에 작업방법 또는 조건에 변화가 생기면 기존 워크샘플링의 결과에 어떤 변화가 올 지 예측하기 어렵다.
- 통계학적 지식이 요구된다.
- 작업자 혹은 관찰자에 의해 조사결과에 편의가 개입될 여지가 있다.
- 관찰시점이 무작위적이지 않고 주기적으로 발생하는 어떤 행위와 시점이 일치하거나 불일치할 경우에 결과가 왜곡될 수 있다.
- 관찰자가 관찰시점을 임의로 정하든가, 관찰항목의 의미가 애매할 때, 무의식 중에 관찰자가 원하는 방향으로 결과를 해석할 수 있다.
- 작업자가 관찰시점을 예견할 수 있을 경우에는 평소와 다른 작업태도를 보여 결과에 왜곡을 초래할 수 있다.
- 관찰기간 혹은 관측시점이 특정기간에 편중되어 있을 때 결과에 왜곡이 발생할 수 있다.

③ 표준자료법을 적용하여 실동시간을 측정한다.

㉮ 개념

표준자료법은 간접법에 의하여 표준시간을 결정하는 방법으로 작업시간을 새로이 측정하기보다는 과거에 측정한 기록들을 기준으로 동작에 영향을 미치는 요인들을 검토하여 만든 함수식, 표, 그래프 등으로 동작시간을 예측하는 방법이다. 표준자료법의 장점은 작업 방법만 알고 있으면 시간을 측정하지 않고 표준시간의 추정이 가능하므로 비용이 적게 들며 레이팅(rating)이 고려된 시간치로 추정을 하므로 레이팅을 필요로 하지 않는다. 또한 작업 방법의 변경이 있어도 작업 방법만 파악되면 생산 전에 미리 표준시간을 설정할 수 있다. 반면 직접적으로 표준자료를 구축하는 데에는 데이터베이스 구축비용이 요구되며, 시간 예측을 위하여 자세한 작업내용의 분석이나 예측이 필요하다.

㉯ 적용절차

ⓐ 전체 작업을 한정된 수의 요소 동작들로 분류한다.

ⓑ 측정 자료를 분석하여 변동요인들에 의하여 요소 동작시간을 추정하는 함수관계식을 세운다. 요소 동작의 소요시간에 영향을 미치는 요인을 변동 요인이라 한다. 즉, 정미시간(요소 동작) = f(변동 요인 1, ⋯ , 변동 요인 n).

ⓒ 전체 작업의 소요시간은 요소 동작별 시간 추정치들의 합계이다.

㉰ 고려사항

표준 자료를 결정할 때 주요 변수는 요소 동작의 구분을 어떻게 할 것인가와 변동요인을 어떻게 정하는가이다. 요소 동작을 어느 정도로 구분하느냐, 변동 요인을 얼마나 자세하게 나타내느냐에 따라 표준 자료의 구축비용과 정밀도가 달라진다.

④ WF법을 적용하여 실동시간을 측정한다.

㉮ 개념

Work Factor(WF)법은 신체 부위에 따른 동작시간을 움직인 거리와 작업 요소인 중량, 동작의 난이도에 따라 기준 시간치를 결정하는 표준자료법이다. 즉, 신체 부위별 동작시간 = f (기초 동작, 워크 팩터)이다. 기초 동작은 사용하는 신체 부위를 손가락(F: finger), 손(H: hand), 팔(A: arm), 앞팔 회전(FS: forearm swivel), 몸통(T: trunk), 발(FT: foot), 다리(L: leg), 머리 돌림(HT; head turn)의 8가지로 구분하여 시점과 종점사이의 움직인 직선거리를 인치 단위로 표시한다. 워크 팩터는 기초 동작이 중량이나 저항 및 인위적 조절을 포함할 경우에 기초 동작에 추가되는 시간 요소이다. 중량 또는 저항은 성별과 중량(저항)의 크기에 따라 W수로 표시한다. 또한 동작의 난이도를 나타내는 인위적 조절 정도는 S, P, U, D로 나타낸다.

- 방향 조절(S: steering) : 좁은 간격 통과 또는 동작의 유도 조절 동작
- 주의(P: precaution) : 파손이나 상해를 방지하기 위한 조절 동작
- 방향 변경(U: change of direction) : 장애물을 피하기 위한 방향 변경
- 일정한 정지(D: definite stop) : 의식적으로 일정한 정지를 요하는 동작

㉯ 종류 및 표기

WF법의 종류로는 0.15분 이하의 주기가 짧은 반복 작업을 대상으로 상세하게 분석하는 DWF(detailed work factor)와 작업 주기가 0.1분 이상인 동작을 대상으로 개략적으로 분석하는 RWF(ready work factor)가 있다. WF법에 의한 동작 분석은 동작내용을 동작 기호로 나타내는데 다음과 같은 순서로 표시한다. 동작 신체 부위 → 동작 거리 → work factor(W, S, P, U, D 순서). 예를 들어 A12D는 팔을 12인치 뻗어 일정 위치에 멈추는 동작이다. 반복 동작의 경우에는 횟수를 분석 기호 앞에 기입한다. 예를 들면, 6A18은 손을 18인치 뻗는 동작을 6회 반복하는 것을 의미한다. 평균 반복 횟수를 기입하는 경우에는 동작 분석 기호 앞에 V를 기입한다. 예를 들

면, VA15D는 팔을 평균적으로 15인치 뻗어 일정한 위치에 정지하는 동작이다. WF에 의한 시간 산정은 신체 부위별 동작 시간치 표로부터 WF 기록 방법에 의해 분석된 기호를 동작거리, WF 개수에 따라 시간치를 읽는다. WF법에서는 단위를 WFU를 이용하며 1 WFU = 0.0001분 = 0.006초이다.

㉰ 적용절차

ⓐ 작업에 관한 자료를 수집한다.

ⓑ 양손 동작을 요소 동작으로 순서대로 기록한다.

ⓒ 요소 동작을 WF에 의한 분석 기호로 나타낸다.

ⓓ WF 분석 기호에 해당하는 시간치를 WF 동작 시간표로부터 찾아 기록한다.

ⓔ WF 시간치 합계 후에 정미시간으로 환산한다.

ⓕ 여유시간을 고려하여 표준시간을 산출한다.

㉱ 작성 사례

남성 작업자가 철판을 가져와 프레스로 절단하여 조각을 만드는 프레스 작업을 WF로 분석하면 (표 12-4)와 같다.

표 12-4. WF 적용 사례

왼팔/손가락	시간	번호	시간	오른팔/손가락
A20D	80	1		
F1W2	29	2		
A20W2SD	144	3		
F3W2	36	4	289	BD
A10	42	5	109	A40D
		6	35	F1W3
		7	93	A10W3D
BD	211	8	16	F1
A10D	61	9		
F1W	23	10		
A20WD	102	11		
F1W	23	12	209	BD
합계	751		751	합계

출처: 박희석 외 4인(2014), 작업관리, p.325

[5] MTM법을 적용하여 실동시간을 측정한다.

① 개요

MTM(methods time measurement)이란 사람이 행하는 작업을 기본동작으로 분석하고 각 기본 동작의 성질과 조건에 따라 미리 정해진 시간치를 적용하여 정미시간을 구하는 절차이다. Methods time이란 용어는 작업 수행 방법을 파악한 후 시간치를 결정하기 때문에 붙인 이름이다. MTM의 종류에는 1948년 개발된 MTM-1과 스웨덴 MTM협회에서 개발한 주기가 큰 작업 대상의 MTM-2, 더 큰 주기를 대상으로 한 가장 단순한 MTM-3와 MTM-V(공작 기계), MTM-M(현미경 작업), MTM-C(사무작업), MTM-B(건축) 등이 있다.

② 기본동작

MTM의 가장 기본적인 형태인 MTM-1은 작업 동작을 손, 눈, 팔, 다리와 몸통 동작 등 14개의 기본동작으로 분류하며, 각 기본동작별 표현 방법이 있고 시간치표를 이용하여 동작 시간을 추정할 수 있다. MTM은 TMU(time measurement unit)라는 시간 단위를 사용하며, 1 TMU는 0.00001시간, 0.0006분, 0.036초와 같다. MTM-1의 각 기본동작은 동작의 성질을 나타내는 Case(A, B, C로 표시)와 동작의 조건을 나타내는 Type으로 구성되어 있다. 동작의 성질은 동작의 정확성 및 제어 정도를 나타내며, 동작의 조건은 동작 대상물의 상황을 나타낸다.

③ 연합동작

MTM-1의 연합 동작이란 신체 부위들을 이용하여 작업 수행을 할 때 나타나는 동작들을 분류한 것으로 연속 동작, 결합 동작, 동시 동작으로 분류한다. 연속 동작(consecutive motion)은 동작이 중복되지 않고 순차적으로 일어나는 동작이다. 순차적으로 발생되는 동작은 동작을 순차적으로 기호로 표현한 후에 시간치를 기입하면 된다. 결합 동작(combined motion)은 어느 한 신체 부위가 두 개 이상의 동작을 동시에 행하는 동작이다. 결합 동작은 동시에 행하는 동작 요소 중에서 가장 많이 걸리는 동작 요소시간으로 표현한다. 동시 동작(simultaneous motion)은 둘 이상의 동작이 다른 신체 부위에 의하여 동시에 행해지는 동작이다. 동시 동작의 표현은 기본 동작들 사이에 동시 동작이 가능한지 여부에 따라 표현방법이 다르다. 복합동작(compound motion)은 한 손이 동작하면서 다른 손이 결합 동작을 행하는 경우와 같이 동시 동작과 결합 동작이 합쳐진 경우이다.

④ 분석절차

㉮ 요소 작업으로 분할한다.

㉯ 작업자 요소 작업만을 대상으로 MTM 분석을 실시한다.

㉰ 분석한 내용을 MTM 용지에 기록한다.

㉱ MTM의 기본 동작, 발생 횟수를 기록한다.

㉲ 팔, 다리, 신체 동작은 오른손 란에 기입한다.

㉳ 결합 동작, 동시 동작, 복합 동작 등을 고려하여 시간치를 기입한다.

㉴ 정미시간의 합계를 구한다.

㉵ 여유시간을 고려하여 표준시간을 구한다.

⑤ 작성 사례

(표 12-5)은 왼손과 오른손으로 책상 위에 놓여 있는 종이를 각각 집어와 두 종이를 포개어 클립을 꼽고 다시 책상 위에 내려놓는 작업을 MTM으로 분석한 사례이다.

표 12-5. MTM 적용 사례

번호	왼손	동작	TMU	동작	오른손
1	손을 뻗음	(R5B)	10.1	R8B	손을 뻗음
2	종이 집음	G1B	3.5		
3			3.5	G1B	종이 집음
4	종이 들어올림	(M4B)	11.1	M7C	왼쪽으로 옮김
5			9.1	P1SSE	종이 위치 확인
6	종이 잡기	G3	5.6	G3	종이 놓음
7			12.2	R9C	손을 뻗음
8			9.1	G4A	클립 집음
9			12.7	M9C	클립 옮김
10			25.3	P2SSD	클립 종이에 꽂음
11			2.0	RL1	클립 놓음
12	종이 옮김	M14B	14.6	(R4E)	책상에 손 놓음
13	종이 놓음	RL1	2.0		
합계			120.8		

출처: 박희석 외 4인(2014), 작업관리, p.327

[6] 작업표준의 여유율을 결정한다.

① 여유율의 표준치를 추산한다.

여유율을 구하기 위해 많이 사용하고 있는 것은 표준치의 추산 방법이다. 그 수치의 일례는 (표 12-6)과 같다.

표 12-6. 여유율

구분		여유율
작업여유		5% 안팎
직장여유		3% 안팎
개인 · 생리적여유		3~5%
피로여유	특별중작업	30~60%
	중작업	20~30%
	보등작업	10~20%
	경작업	5~10%
	특별경작업	0~5%

출처: 한국생산성본부(1988), (실천)생산성향상추진기법, p.210

② 가동분석을 통해 여유율을 구한다.

여유율을 구하는 가동분석의 방법을 간단히 설명하면, 워크샘플링(순간관측법)이라 일컬어지는 것으로 관측하려는 현장을 돌아서 그 현장에 도착한 순간에 그 현장의 작업원 또는 기계가 어떤 상태였는가를 조사하는 방법이다. 그 순간에 가동하고 있는가, 작업여유, 직장여유, 개인·생리적여유, 피로여유의 네 가지 중 어느 여유에 해당하고 있는가 등으로 나누어서 기록하고 그 비율을 산출해 내는 것이다. 다음은 순간관측 가동 분석의 기록 양식을 보여주는 것이 [그림 12-2]이다.

No.

가동분석표

년 월 일 직장명 관측자명

No		1	2	3	4	5	6	7	8	9	10	JBC 총계	가동률	비고
1	9시 10분	J	B	B	S	C	M	B	C	K	B	7	70%	
2	10시 30분	K	K	C	C	B	N	C	N	S	B	5	50%	
10	16시 25분	B	L	M	B	N	J	K	B	C	K	5	50%	
JBC 총계		8	5	4	4	6	4	6	6	6	7	56		
가동률		80	50	40	40	60	40	60	60	60	70		56%	

분류기호	J	B	C	K	L	M	N	S	불명	비고
분류명칭	준비 작업	주작업	부수 작업	작업 여유	직장 여유	피로 여유	개인 여유	불가능	기타	
발생수	6	30	20	19	8	7	5	5	0	
%	6	30	20	19	8	7	5	5	0	

출처: 한국생산성본부(1988), (실천)생산성향상추진기법, p.211

「그림」 12-2. 가동분석사례

순간관측 가동분석을 실시할 경우의 요령은 다음과 같다.

- 가급적 빠른 속도로 현장을 돌 것
- 가급적 시간간격을 두고 현장을 돌 것
- 가급적 일정한 속도로 현장을 돌 것
- 대상마다 관측할 때의 위치를 정해 둘 것
- 될 수 있는 한 자기위주의 편견을 넣지 말 것

③ 국제노동기구의 여유율 산정 방법을 적용한다.

국제노동기구(ILO: international labor office, 1979)의 여유율 산정 방법은 ① 운반물 취급, ② 짧은 주기 작업, ③ 작업 자세, ④ 보호복 착용 작업, ⑤ 정신 피로, ⑥ 온도, 습도, 환기, ⑦ 분진 작업장, ⑧ 소음 및 진동, ⑨ 눈의 긴장도에 따른 여유율 점수를 부여하고 총 점수에 따라 여유율을 부과한다. 4개의 요소 작업으로 구성된 공정에서 시간 관측 결과가 (표 12-7)과 같이 관측평균과 레이팅이 주어졌다. ILO 여유율 점수표로부터 자재 물림은 5점, 가공은 28점, 자재 꺼냄은 4점, 검사는 42점으로 평가되었다. 여유율 환산표를 이용하면 자재물림 작업 10%, 가공 작업 15%, 자재 꺼냄 작업 10%, 검사 작업 20%로 여유율을 구할 수 있다. 4개의 요소 작업으로 이루어진 전체 공정의 표준시간을 구하면 10.39분이며, 시간당 생산량은 60/10.39 = 5.77 (개/시간)이다.

「표」 12-7. ILO 여유율 산정 방법을 이용한 표준시간 산출

요소 작업	자재 물림	가공	자재 꺼냄	검사
관측 평균	1.20	5.40	0.80	1.50
레이팅	0.80	1.00	1.10	1.20
정미시간 =관측 평균×레이팅	0.96	5.40	0.88	1.80
여유율	0.10	0.15	0.10	0.20
표준시간 =정미시간×(1+여유율)	1.056	6.21	0.968	2.16

출처: 정병용(2015), 현대작업관리, p.286

[7] 실동시간과 여유율을 이용하여 작업표준시간을 산출한다.

2.7 작업손실요소 분석하기

2.7.1 노동생산성의 기본산식

노동생산성의 향상은 [그림 12-3]과 같이 제조방식의 개선과 실시효율을 향상시킴으로써 얻을 수 있는데, 노동생산성을 구하는 산식은 다음과 같다.

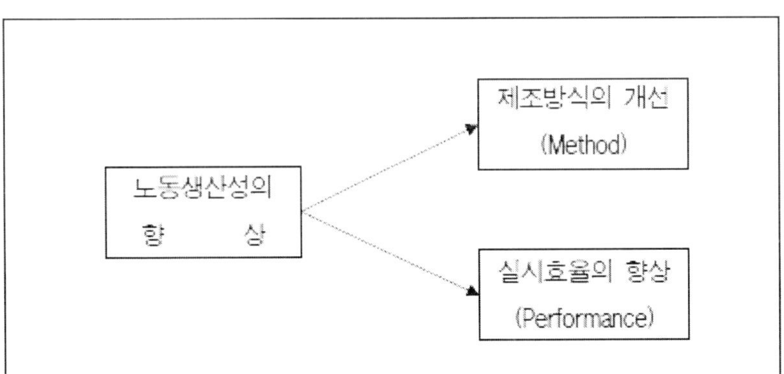

출처 : 한국생산성본부(1997), 통합생산관리 매뉴얼, p389

「그림」 12-3. 노동생산성 향상 방안

$$\text{노동생산성} = \frac{\text{표준공수}}{\text{작업공수}}$$

$$= \frac{\text{개선전표준공수}}{\text{개선후표준공수}} \times \frac{\text{개선전표준공수}}{\text{현재의작업공수}}$$

$$= \text{제조방식의 효율} \times \text{실시효율}$$

[1] 노동생산성의 분석

작업시간을 대기시간, 낭비작업 시간, 부수작업시간, 부가가치를 높이는 시간으로 분류하여 노동생산성을 분석하면 [그림 12-4]와 같다.

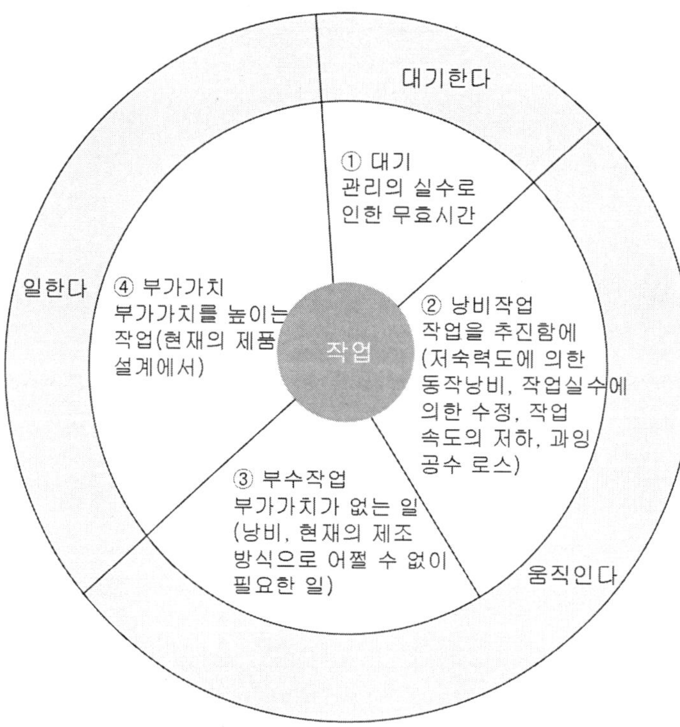

출처 : 한국생산성본부(1997), 통합생산관리 매뉴얼, p390

「그림」 12-4. 작업시간의 구분

[2] 노동생산성

① 노동생산성

$$\text{생산성} = \frac{4}{1+2+3+4}$$

$$= \frac{4}{4+3} \times \frac{4+3}{4+3+2} \times \frac{4+3+2}{4+3+2+1}$$

$$= \text{제조방식의 효율} \times \text{실동률} \times \text{실동공수효율(가동률)}$$

② 목표생산성

노동생산성이 100%라는 것은 ①=②=③=0이 되는 것을 의미한다.

[3] 저해요인

노동생산성 저해요인을 가치효율, 방법효율, 실시효율의 문제로 분류할 수 있으며, 가치효율과 방법효율은 따로 구분하지 않고 제조방식에 의한 손실(유효율)로 나타내기도 한다.

① 가치효율(제품설계에 의한 손실)

제조가 곤란한 것과 같은 제품설계의 미숙에 의해 무효작업(공수)이 발생하여 효율이 저하되는 것을 의미한다.

② 방법효율(제조방식에 의한 손실)

제조가 곤란한 것과 같은 방법설계의 미숙에 의해 무효작업(공수)이 발생하여 효율이 저하되는 것을 의미한다.

③ 실시효율(작업능률에 의한 손실)

작업계획, 통제불비에 의한 지연 · 대기가 발생하여 생기는 관리자 손실과 작업능력, 노력부족에 의한 숙련도 부족으로 발생하는 작업자 손실로 구분할 수 있다.

2.7.2 공수관리

생산성의 체계적인 관리 및 분석방법을 표준화함으로써 공수효율의 분석관리, 적정인원의 산출기준, 목표생산량의 결정, 생산능률의 원인분석 등 제반 생산성 정도를 비교 평가하여 생산성의 향상을 도모하는 데 있다.

[1] 일반용어

① 공수

사람이나 기계가 할 수 있는 또는 한 일의 양을 수치화한 것으로 단위는 MAN · MIN, MAN · HOUR 등으로 표시한다

② 표준시간

규정된 작업조건하에서 규정된 작업방법으로 평균숙련과 기능의 작업자가 적당한 페이스로 규정된 질의 제품 1단위를 생산하는 데 소요되는 시간을 말한다.

③ 생산량

공정 최종검사에서 합격한 제품수량을 말한다.

④ 정상작업시간

1일 480분(8시간) 근무시간 중에서 휴식시간을 제외한 시간이다.

⑤ 정상작업일

휴일(공휴일, 국경일, 회사사정에 의한 휴무일 등) 이외의 근무일을 말한다.

⑥ 총인원

직접인원과 간접인원을 합한 인원을 말한다.

⑦ 직접인원

라인 및 공정의 직접작업자와 검사, 조정, 수리사를 포함한다.

⑧ 간접인원

사무실 인원 및 자재, 설비, 공구, 운전기사 등의 관리인원과 라인의 직장 이상의 관리인원을 말한다.

[2] 공수분류

① 재적공수

재적인원에 대한 공수를 말하는 것으로 '재적인원×정상작업시간'을 의미한다.

② 휴업공수

재적인원 중 결근, 휴가, 출장, 지원 등으로 실제로 작업에 투입되지 않은 인원에 대한 공수로 '해당인원×해당시간'을 의미한다.

③ 취업공수

실제로 작업에 투입된 인원에 대한 공수로 '재적공수－휴업공수'를 의미한다.

④ 추가공수

취업공수 이외에 잔업, 특근, 지원 등으로 추가로 작업한 공수로 '해당인원×해당 시간'을 의미한다.

⑤ 작업공수

작업에 투입한 총공수로 '취업공수＋추가공수'를 의미한다.

⑥ 실동공수

작업에 실제적으로 투입된 공수로 '작업공수－유실공수'를 의미한다.

⑦ 유실공수

작업자 책임이 아닌 손실 공수로서 표준시간 설정 시 여유시간에 포함되지 않은 공수를 의미한다.

⑧ 표준공수

소정의 생산량에 투입된 표준시간의 합계로 'Σ(표준시간×생산량)'을 의미한다.

[3] 생산성지표 산출

① 실동률

라인 및 공정의 가동상태, 관리 감독자의 노력을 나타내는 지표로 '실동공수÷작업공수'를 의미한다.

② 실동공수효율(작업능률)

작업자의 노력도, 숙련도, 감독자의 지도력 정도를 나타내는 지표로 '표준공수÷실동공수'를 의미한다.

③ 작업공수효율(종합능률)

작업의 종합효율을 나타내는 지표로, '표준공수÷작업공수' 또는 '실동률×실동공수효율'을 의미한다.

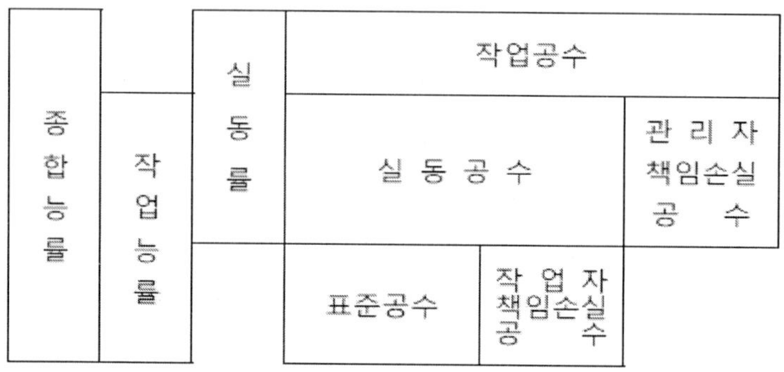

출처 : 한국생산성본부(1997), 통합생산관리 매뉴얼, p394

그림 12-5. 공수 및 능률 구조

2.8 유실 공수

2.8.1 공수 관리하기

다음과 같은 순서로 [그림 12-6]와 같이 공수 관리를 수행한다.

① 작업표준시간을 이용하여 표준공수를 설정한다.

② 워크샘플링 기법으로 실동공수를 측정한다.

③ 작업공수와 실동공수의 차이인 관리자 책임 손실을 파악하고 원인을 분석한다.

④ 실동공수와 표준공수의 차이인 작업자 책임 손실을 파악하고 원인을 분석한다.

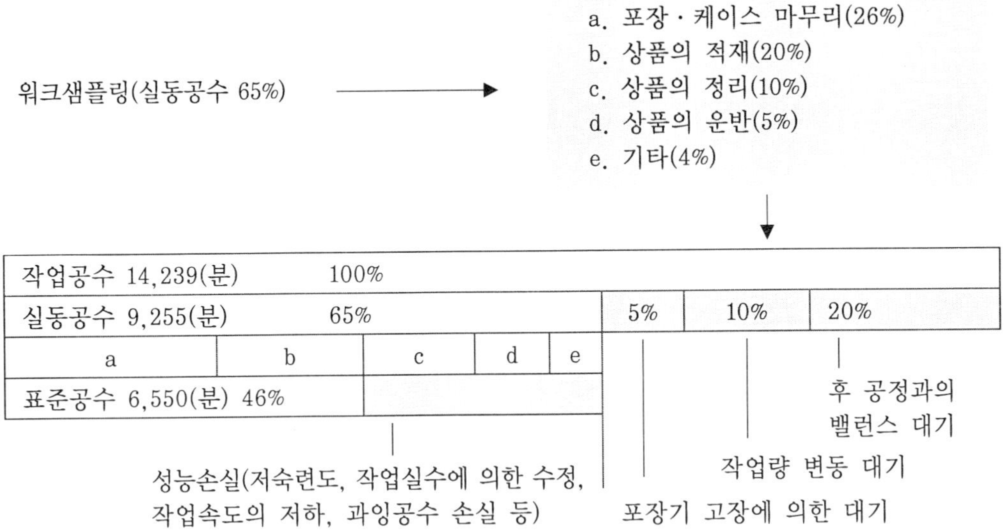

표준공수의 설정

품종	(1) 표준시간	(2) 당일 생산고	(3) – (1)×(2) 표준공수
X	1.4분/개	3,000개	4,200분
Y	2.2	500	1,100
Z	1.7	735	1,250
계			8,550

표준시간 설정

작업명	X	Y	Z
① 상품을 들어올림	.1	.1	.1
② 포장	.4	.8	.5
③ 케이스 마무리 장소에 이동	.2	.2	.2
④ 케이스 마무리	.5	.9	.7

출처 : 한국생산성본분, 통합생산관리(1997)자료를 토대로 재구성

「그림」 12-6. 공수 관리

2.8.2 유실공수 분석하기

[1] 관리자 책임으로 인한 손실공수를 파악하고 [그림 12-7]에서와 같이 원인을 분석한다.

① 지각 · 조퇴 · 외출로 인한 손실을 파악한다.

② 회의 · 교육으로 인한 손실을 파악한다.

③ 공정불균형으로 인한 손실을 파악한다.

④ 자재품절로 인한 손실을 파악한다.

내자, 외자, 사내대체, 외주로 구분하여 파악한다. 내자와 외자는 구매하는 자재의 구입방법이나 생산지에 따라 구분되는데 외국에서 생산하여 수입하는 것을 외자, 국내에서 생산하여 공급되는 것을 내자라고 한다.

⑤ 자재불량으로 인한 손실을 파악한다.

내자, 외자, 사내대체, 외주로 구분하여 파악한다.

⑥ 기계고장으로 인한 손실을 파악한다.

⑦ 기종변경으로 인한 손실을 파악한다.

계획된 것과 돌발적인 것을 구분하여 파악한다.

⑧ 불량품 재작업으로 인한 손실을 파악한다.

⑨ 기타 손실을 파악한다.

위의 항목들로 분류할 수 없는 손실공수를 파악한다.

작업일보(예)

과	라인	공정	작성			결재	담당	과장
제품코드	공정코드	작업일	출장	지원중	지원받음	실습 · 일용		

기종명	SUB	투입수	완성수	유실코드	유실공수	자재코드

유실공수코드										
	지각 · 조퇴	I	자재품절(내자)	M1	자재불량(내자)	N1	기계고장	R1	기종변경(계획)	L1
	회의 · 교육	K	(외자)	M2	(외자)	N2	기계정비	R2	(돌발)	L2
	작업준비	J	(대체)	M3	(대체)	N3	순간정지	R3	정전	T1
	설계변경	U	(외주)	M4	(외주)	N4	설비유휴(인력)	R4	단수	T2
	기타	O	공정불균형	Q	불량재작업	S	(불량)	R5	Air Down	T3

출처 : 한국생산성본부(1997), 통합생산관리 매뉴얼, p416

「그림」 12-7. 작업일보를 활용한 유실공수 분석

[2] 유실공수와 생산실적을 집계하여 정리한다.

유실공수를 원인별로 분석하여 집계하고, 생산실적은 출하검사에 합격한 양품의 수량을 파악하여 표준공수를 설정하는 데 활용한다.

유실공실 및 생산실적(예)

(년 월 일 ~ 년 월 일)

구분																			
유실공수내역	지각 · 조퇴																		
	회의 · 교육																		
	작업준비																		
	설계변경																		
	자재품절(내자)																		
	(외자)																		
	(대체)																		
	(외주)																		
	공정불균형																		
	자재불량(내자)																		
	(외자)																		
	(대체)																		
	(외주)																		
	불량재작업																		
	기계고장																		
	기계정비																		
	순간정지																		
	설비유휴(인력)																		
	(불량)																		
	기종변경(계획)																		
	(돌발)																		
	정전																		
	단수																		
	Air Down																		
	기타																		
	계																		
생산	투입																		
	불량																		
	재공																		
	완성																		
	출하검사합격																		
비 고																			

출처 : 한국생산성본부(1997), 통합생산관리 매뉴얼, p418

「그림」 12-8. 유실공수와 생산실적 집계

[3] 작업공수를 파악하여 생산성을 분석한다.

작업공수를 파악하고 앞에서 구한 유실공수, 표준공수를 이용하여 생산성을 분석한다.

생산성분석(예)

(년 월 일 ~ 년 월 일)

결재	작성	담당	과장	부장

구분																					
1인당 생산수																					
작업공수효율																					
실동공수효율																					
실동율																					
추가작업율																					
잔업특근율																					
S/T단축율																					
직접율																					

총재적공수																						
직접재적공수																						
휴업공수	결근 · 휴가																					
	출장																					
	지원중																					
	계																					
취업공수																						
추가공수	잔업																					
	특근																					
	실습생 · 일용공																					
	지원받음																					
	계																					
작업공수																						
실동공수																						
단축후 표준공수																						
단축전 표준공수																						

출처. 한국생산성본부(1997), 통합생산관리 매뉴얼, p418

「그림」 12-9. 생산성분석 사례

2.9 작업능률손실 분석

2.9.1 작업능률

작업능률이란 작업자가 표준화된 작업방법으로 일할 때 기능이나 노력을 기울이는 정도로 '표준공수÷실동공수'로 측정이 이루어진다.

[1] 작업능률손실 발생원인

작업능률손실 발생원인은 [그림 12-10]과 같이 작업자의 노력, 작업자의 기능, 작업환경에서 찾을 수 있다.

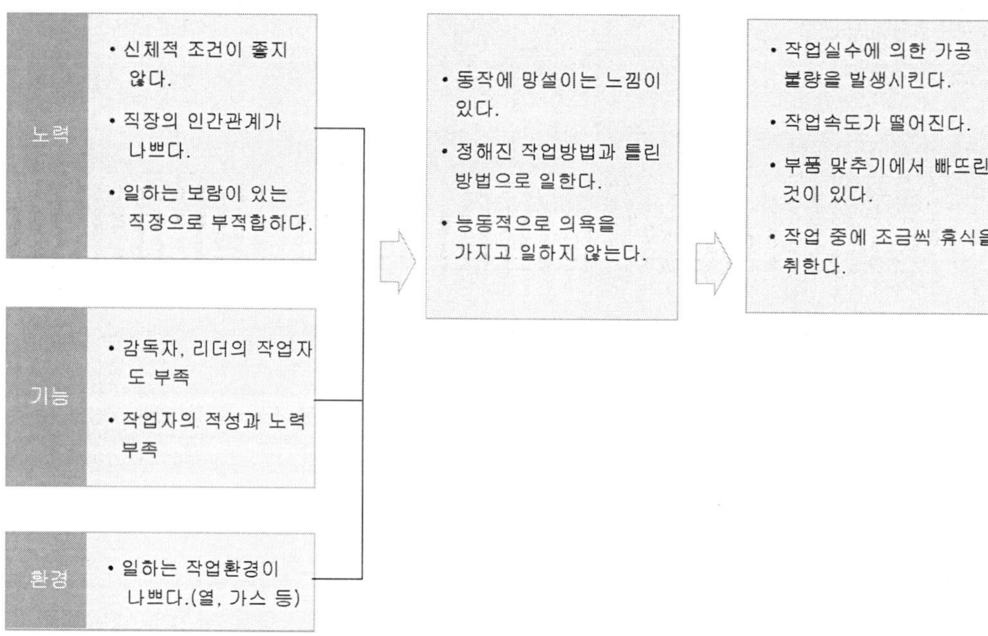

출처 : 한국생산성본부(1997), 통합생산관리 매뉴얼, p399

그림 12-10. 작업능률손실 발생 구조

① 작업자의 노력

직장 내의 인간관계가 나쁘거나 일하는 보람이 없는 직장으로 능동적인 의욕을 가지고 노력하지 않음으로써 발생한다.

② 작업자의 기능

감독자 · 리더의 작업지도능력 및 작업자의 기능 부족으로 발생한다.

③ 작업환경

일하는 작업환경이 좋지 않아 발생한다.

[2] 작업능률 향상 방안 추진체계

작업능률 향상을 위해서는 작업자 자신의 기능향상 노력과 감독자·리더에 의한 철저한 작업지도에 따라 [그림 12-11]와 같이 단계적으로 추진한다.

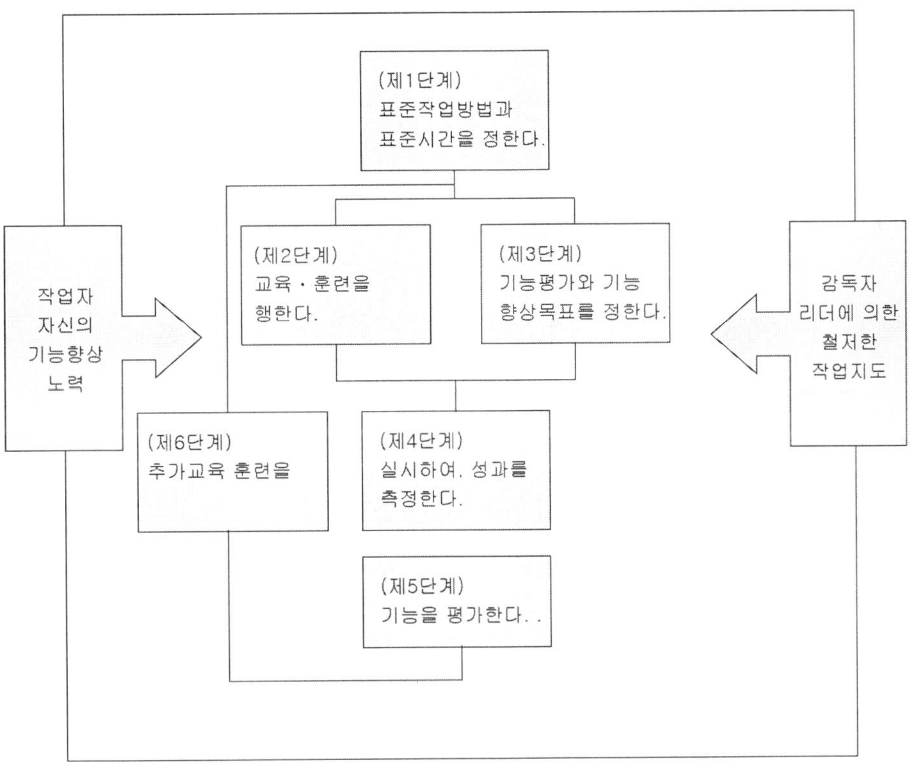

출처 : 한국생산성본부(1997), 통합생산관리 매뉴얼, p400

「그림」 12-11. 작업능률 향상 방안

[3] 작업능률손실 절감방안

① 현장 일선 감독자에 의한 작업지도 철저

② 작업자 자신의 기능 향상 노력

③ 작업자 자신의 건강관리

④ 직장의 인간관계의 개선

⑤ 작업노력, 의욕을 일으키는 직장환경 조성

⑥ 직장의 작업환경 개선

2.9.2 작업능률손실

[1] 작업공수 손실

작업공수 손실은 관리자 책임 손실인 유실공수와 작업자 책임 손실인 작업능률손실로 구분되고 다음[그림 12-12]과 같이 작업생산성지표를 산출한다.

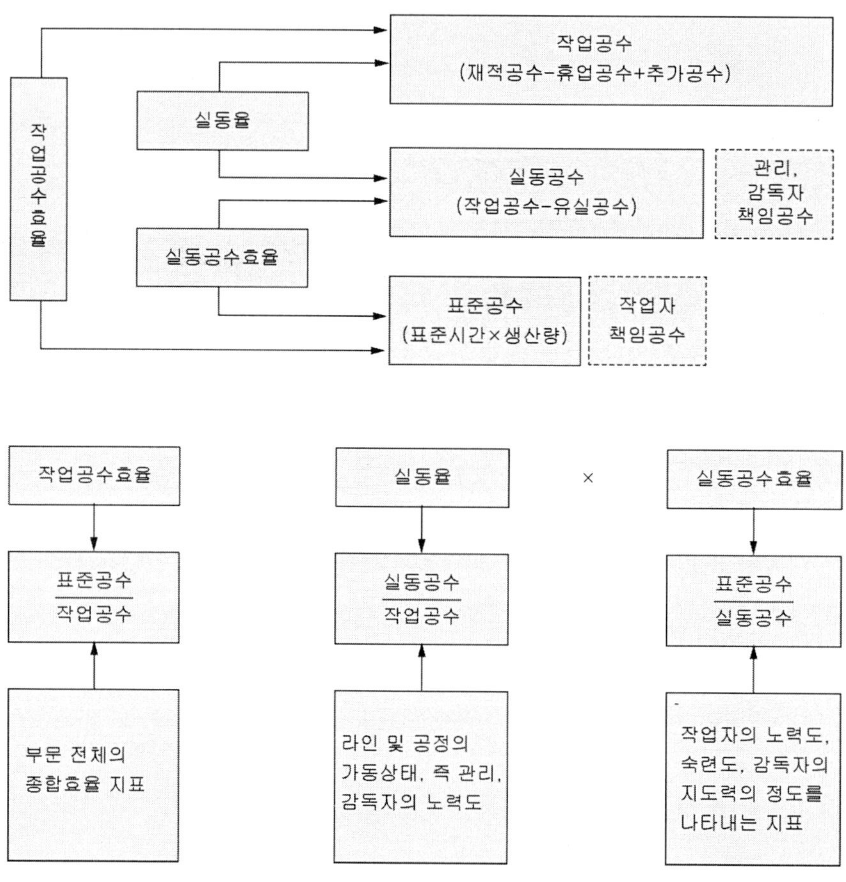

출처 : 한국생산성본부(1997), 통합생산관리 매뉴얼, p411

[그림] 12-12. 작업생산성지표 구조

[2] 작업능률손실 분류

작업자 책임 손실인 작업능률손실은 작업낭비로 인한 숙련도 손실과 불량 투입공수로 인한 불량 손실로 구분할 수 있다.

① 작업낭비(숙련도 손실)

작업자의 미숙함으로 인한 동작 낭비 또는 작업속도의 저하로 발생하는 손실로 교육훈련 및 복리후생을 통한 동기부여로 개선할 수 있다.

② 불량 투입공수(불량 손실)

불량 발생으로 인한 손실로 작업 표준화 및 자주검사를 통해 개선할 수 있다.

2.9.3 능률관리시스템

[1] 능률관리

인적생산성의 3가지 측면(방법면, 활용면 및 작업능률면) 중 작업능률의 생산성 향상을 위해 이를 구체적으로 관리하는 시스템을 만들어 현장 또는 작업 실시 상황을 모니터링하는 것을 의미한다.

[2] 현장관리 방식

① 작업능률관리

가장 고도의 현장관리 방식으로 작업능률 측정이 가능하고 표준시간 설정도 비교적 적은 공수가 필요한 경우, 표준시간 설정이 가능한 경우가 많은 작업, 작업능률 관리 시스템을 직접 적용 가능한 작업장에서 활용한다.

② 공수관리

실적공수 중심의 관리 제도로 작업능률 측정은 가능하나 표준시간 설정에 많은 공수가 필요하고 그로 인해 얻을 수 있는 것이 적은 작업장, 표준시간 설정이 가능한 경우가 적은 작업장, 작업공수 파악을 통해 방법면과 활용면에서의 개선을 도모하는 경우에 활용한다.

③ 정원관리

업무내용이 공수와 비례하지 않는 불규칙한 업무에 적용하는 방법으로 수행능력 측정이 기술적으로 어렵거나 측정해도 무의미한 경우 작업공수 파악이 곤란하며 몇 사람이 배치되는가가 중요한 작업장에 활용한다.

[3] 능률관리시스템 유형

① PACE 프로그램

미국 항공기 회사에서 개발된 업적 및 원가평가 프로그램으로 업적의 측정평가와 PACE(performance and cost evaluation program)을 향상시키기 위해서 측정결과를 분석, 검토하는 것이 포함된다. 측정은 작업그룹의 가동률과 노력의 레이팅이며, 이것으로부터 작업그룹의 능률을 평가한다. 또한 이것을 다른 실적데이터와 지수화하여 하나의 도표로 묶어 관리효과를 파악, 개선방법으로 이용한다.

② VFP(variable factor programming)

작업량 변동요인이 많고 종래의 작업측정 방법을 이용하는 것이 부적당한 간접부문, 서비스업무 등에 대해 작업을 측정하여 컨트롤하는 프로그램이다. 미국의 WVFAC사가 간접부문의 정원계획을 수립하여 이에 의해 원가를 절감하기 위하여 개발된 것으로 기본적으로 작업량의 변동에 대한 업무와 인원의 균형을 잡는 것을 목적으로 하고 있다. 그러나 관리자에 대하여 관리목표를 설정시켜 이를 달성하기 위한 자극을 줌으로써 얻는 효과도 크다.

③ PAC(performance analysis and control)

PAC에 의한 능률관리란 실동시간의 내용을 작업자가 가동 가능한 시간과 작업자 이외의 책임에 의해 일을 하지 못한 비가동 시간으로 나누어 구분하고, 동시에 생산량을 파악하여 이것에 의하여 잘못된 점을 발견, 조치를 취함으로써 생산성을 향상시키고자 한다. PAC는 다음의 세 가지 관리지표를 파악하여 책임별 평가를 행하게 된다. 작업능률(작업자 책임), 가동률(관리자 책임), 실효율(종합평가)의 관리지표를 활용한다.

2.9.4 작업능률손실 분석하기

① 워크샘플링 기법으로 실동공수를 측정한다.

② 생산실적을 파악하여 양품생산량을 구하고 표준공수를 산출한다.

③ 실동공수와 표준공수의 차이인 작업능률손실을 파악하고 다음과 같이 그 원인을 분석한다.

㉮ 숙련도 손실을 파악한다.

생산량에 표준시간을 곱하여 생산에 필요한 표준공수를 구하고 실동공수와의 차이를 계산하여 숙련도 손실을 산출한다.

㉯ 불량으로 인한 손실을 파악한다.

불량품의 양에 표준시간을 곱하여 불량으로 인한 손실을 산출한다. 숙련도 손실과 불량손실의 합은 '실동공수 – 양품량×표준시간'과 같다.

④ [그림 12-13]과 같이 손실의 원인을 파악하여 대책을 수립한다.

손실 내용	손실 시간	점유율	원인 및 문제점	대책
FRONT PCB (TF-06) (TC-710L3) 불량발생	131.5	4.6%	• 도금부위 부색발생(석도금) (석도금은 공기중 산화가 빠름)	• 향후 석도금에서 니켈도금으로 변경 조치
MAIN PCB (TM-99) (TC-775자삽용) 불량발생	198.7	6.9%	• PCB HOLE 불량 (입고 0.9-0.95) • 신규모델 샘플승인검토 업무 미흡	• 물품입고시 검사성적서 제출조치 • 샘플 승인시 치밀한 검토를 요청
INDUCTOR 4.7uf 미입고	305.7	10.8%	• 전량 불량 발생으로 미입고	• 공정별 검사기능 보완조치 • 외주관리 순회검사자 활용
WIRE/ CONNECTOR (ANA용) 미입고	316.7	11.1%	• 공급업체의 서류분실로 미입고 • 구매담당자 CHECK MISS	• 업체승인 서류화일 목록화하여 보관상태 월간 점검예정 • ITEM별 미입고 현황 CHECKLIST에 의한 사전점검 강화
MCR-434 (HAITAL) 228FL TUNER 물량 대치입고지연	91.7	3.3%	• LOT 마무리시 긴급불량 통보 • 긴급 불량 조치미숙	• 차후 제도적으로 사용 3일전 사전 통보 예정 • 해당업체의 품질관리강화 및 불량감안한 일정량 보유방안 요청
TC-712, 711, 751, 755용 N/P 및 KNOB류 불량 및 미입고	1,609.5	56.3%	• 공급업체 품질관리기능 부족 • 품질한도 효율적 관리 부족 • 구조적으로 후가공 난이도가 높아 불량다량 발생 및 입고지연	• 품질향상을 위한 효율적인 JIG 개선 운용방법 적극지원(협조부서: 생산기술부) • 당사의 품질관리요원이 작업 현장에서 T.Q.C 기능을 통한 제품 한도관리 및 품질향상을 위한 현장교육 강화 요청 • 당사가 요구하는 품질보유 후가공업체 지속적으로 물색중 • 불량 유형별 품질의 한도를 상호간 협의를 통한 신축적인 기준을 설정하여 조치함(TC-712, 752, 715, 755) • 후기공인쇄 활자축소 및 개선 방안을 관련부서에 요청함(수출부, 디자인실) (TC-712, 752, ANA용 N/P)
기타	200.6	7%		
합계	2,854.3	100%		

출처 : 한국생산성본부(1997), 통합생산관리 매뉴얼, p431

[그림] 12-13. 작업손실 원인 분석 및 대책수립 사례

2.10 PAC시스템 활용하기

2.10.1 PAC시스템의 특징을 이해한다.

① 과학적인 표준시간에 의한 작업능률 측정: 과거의 실적에 의해 측정된 작업능률은 부문간의 공평한 비교가 될 수 없으며 또한 현재의 작업능률이 세계수준과 비교하여 어느 정도인지 또는 어디까지 작업능률이 향상될 수 있는지 파악할 수 없다.

② 제1선 감독자의 지도력: 작업능률의 실적은 능률급의 자극방법으로 하기보다는 제1선 감독자에 의해 작업자의 의욕을 높이고 작업지도에 의해 높은 수준을 유지한다. PAC는 높은 작업능률의 원동력이 관리자나 감독자의 지도감독으로 얻어질 수 있다.

③ 작업능률의 직위 책임제 분류: 작업능률을 관리, 감독자의 책임과 작업자 책임으로 분류하고 작업자의 능률향상과 더불어 감독자 책임의 손실공수를 직위별 능률로 구한다.

④ 작업능률에 관한 분석적 보고: 제1선 감독자는 그 부문에 대한 작업능률의 최종 성과를 아는 것뿐만 아니라 그 내역을 분석하여 보고하는 것에 의해 생산성향상에 대한 조치를 보다 확실히 할 수 있다.

⑤ 매일의 적정배치를 위한 지원 부문 운영: 제1선 감독자는 작업능률에 관한 책임을 완수하려면 매일 발생하는 여력의 노동력을 자기의 판단으로 자유로이 방출할 수 있는 체제가 필요하다. 더욱이 노동력의 세밀한 유효활동을 하기 위해 각 공정에 매일 적정배치를 하는 지원 부문을 설치한다.

2.10.2 PAC시스템의 효용을 이해한다.

① 노동생산성의 향상

② 설비의 실질능력의 증대

③ 제1선 감독자, 중간관리자의 실적 향상

④ 노동력 관리의 충실

⑤ 작업자의 사기 향상

⑥ 공장관리 부문의 기초가 됨

2.10.3 PAC시스템의 실무를 이해한다.

① 현장관리 방법을 3가지로 구분한다.

- 작업능률 측정 구분
- 공수 측정 구분
- 정원 구분

② 평가 단위 및 평가 주기를 구분한다.

- 평가 단위: 감독자 부문별, 그룹별, 개인별
- 평가 주기: 일, 주, 월, 분기, 반기, 년

③ 공수 기록 방법과 분류 방법을 숙지한다.

- 기록 용지 내용과 기록 방법
- 유실공수의 분류와 기록 방법
- 작업실적공수의 분류와 기록 방법

④ 생산량 기록 방법과 분류 방법을 숙지한다.

- 기록 용지 내용과 기록 방법
- 생산량의 분류와 기록 방법

⑤ 실적 기록 순서에 따라 실적을 집계한다.

⑥ 지원부문을 편성한다.

- 조직상의 위치
- 규모와 적정인원 결정 및 유지 방법
- 임기
- 구성원의 인원 보충방법
- 고유의 업무

⑦ 장표 작성방법을 검토한다.

- 종류
- 관리항목
- 보고단위 및 보고 주기와 배포처

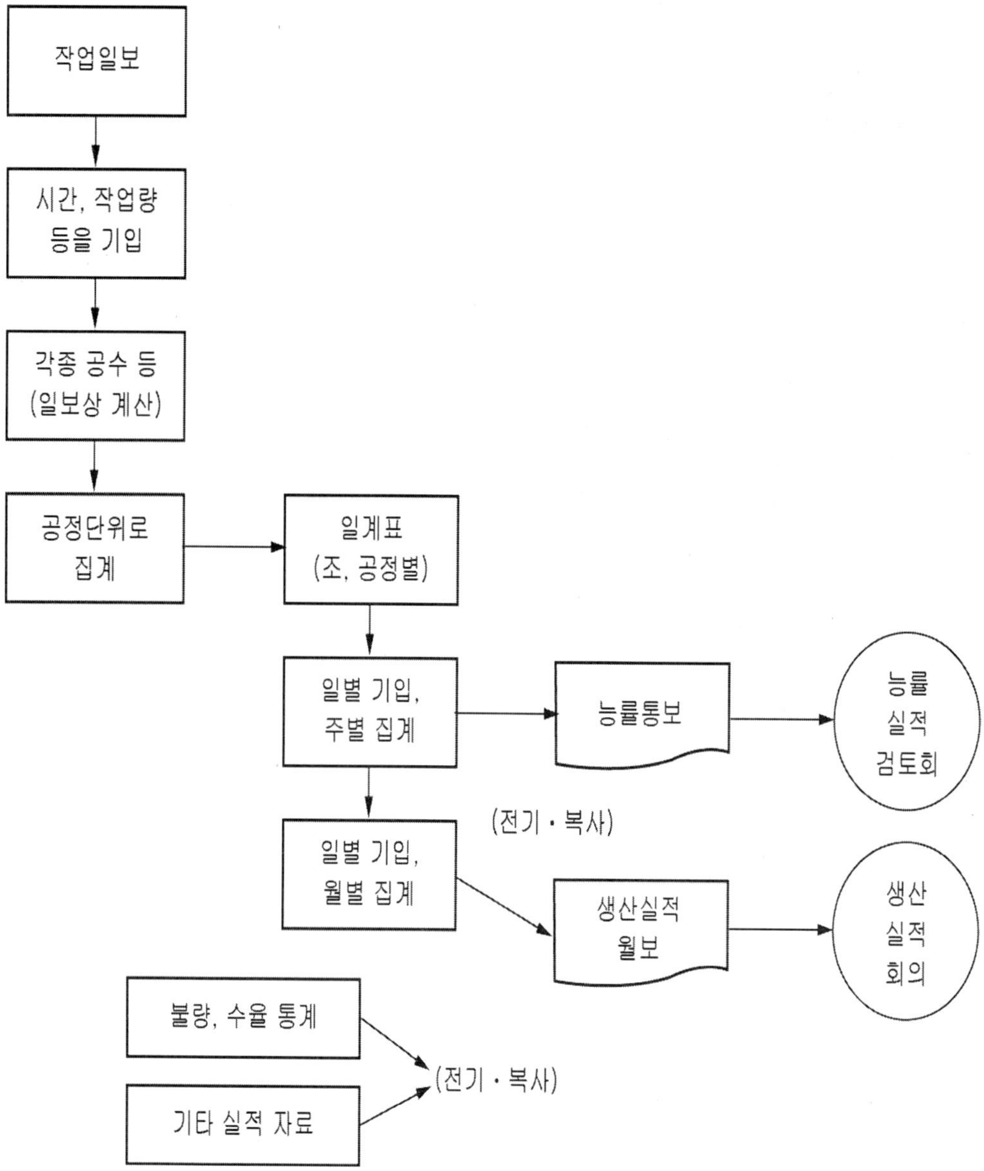

출처. 한국생산성본부(1997), 통합생산관리 매뉴얼, p416

「그림」 12-14. **실적자료 집계 및 활용**

2.10.4 PAC시스템을 도입하는 절차를 이해한다.

2년간에 걸쳐 PAC를 도입한 사례는 다음과 같다.

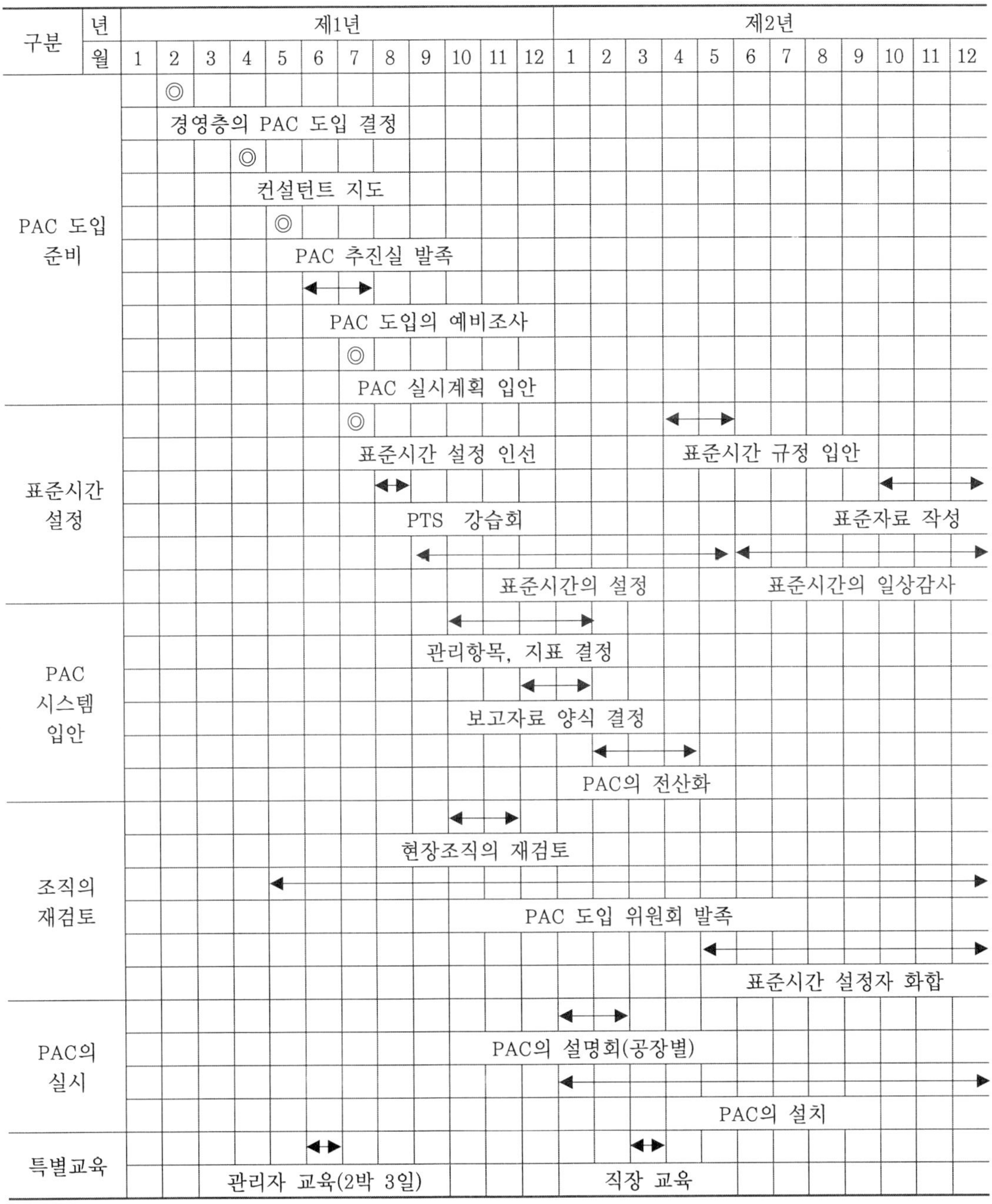

출처. 한국생산성본부(1997), 통합생산관리 매뉴얼, p407

「그림」 12-15. PAC 도입 프로그램

2.10.5 PAC시스템을 유지하고 정착하기 위한 방안을 이해한다.

PAC의 목적은 작업능률의 영구적 관리시스템을 구축하는 것으로 작업능률의 상승이 끝나면 이를 유지하기 위한 지속적인 관리를 통해 [그림 12-16]와 같이 영구적 PAC가 될 수 있도록 노력해야 한다. 높은 작업능률 수준 도달 후의 과제는 다음과 같다.

① 정확한 표준시간 유지를 위한 시스템과 훈련

② 표준시간, PAC 시스템, 경영 시스템과 결합한 개선

③ 인원 계획, 조업도 계획의 중요도 인식

④ 제1선 감독자의 처우 및 육성 강화 검토

⑤ 전원 참가에 의한 개선운동의 검토

⑥ 표준시간의 열화방지를 위한 표준시간 적용 확대와 시스템 구축

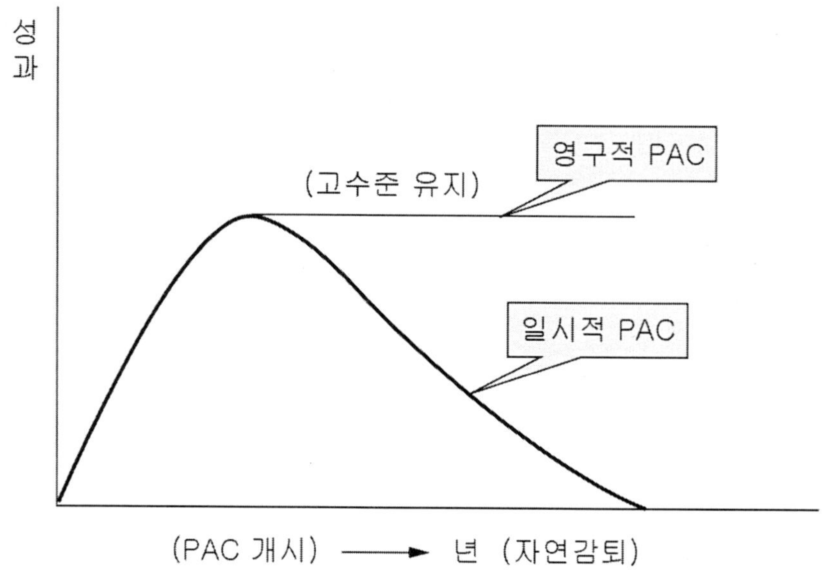

출처 : 한국생산성본부(1997), 통합생산관리 매뉴얼, p408

그림 12-16. PAC의 지속적 관리 필요성

2.10.6 PAC시스템을 이용하여 능력과 부하를 평준화한다.

[1] 능력을 산정한다.

(1) 개념

능력이란 일정단위 기간동안 생산시스템에 투입이 가능한 공수이다.

(2) 능력판단의 종류

① 작업자의 능력(기준인원능력)

'각 공정의 인원수×정상근무일수×정상근무시간×목표작업공수효율'로 구할 수 있으며, 정상근무일수는 유급휴가를 제외한 근무일수, 정상근무시간은 '취업시간 – 정규휴식시간', 목표작업공수효율은 '예상표준공수÷예상 작업공수'를 의미한다.

② 설비의 능력(기준설비능력)

'설비대수×가동시간×가동률'로 구할 수 있으며, 가동률은 '(설비표준 시간×생산량)÷가동시간'을 의미한다.

[2] 부하를 산정한다.

(1) 개념

부하는 공정별, 부품별로 1로트당 또는 제품 1개당의 공수를 의미한다. 기준부하는 공정별 또는 제품단위별로 부하를 집계한 것이고 총 부하는 '기준부하×월별 생산량'으로 구할 수 있다.

(2) 부하 산정 사례

9월 제1주의 수주량은 B가 2,000개, C가 4,000개가 되었다. 이것과 예상 생산량 8,000개를 추가하여 다음과 같은 생산계획표가 만들어졌다. 또한 부하량을 산출하기 위해 기준공정표를 작성하였다.

① 부품별 공정 부하량

3개 부품 각각에 대한 공정 부하량은 다음과 같다.

㉮ 부품 A: 8,000개분

- 절단공정 (8,000÷1,000)×0.5 = 4시간
- 굽힘공정 (8,000÷1,000)×2 = 16시간
- 드릴공정 (8,000÷1,000)×2.25 = 18시간

㉯ 부품 B: 2,000개분

- 절단공정 (2,000÷1,000)×4 = 8시간
- 굽힘공정 (2,000÷1,000)×2 = 4시간
- 드릴공정 (2,000÷1,000)×2 = 4시간

㉰ 부품 C: 4,000개분

- 절단공정 (4,000÷1,000)×3 = 12시간
- 굽힘공정 (4,000÷1,000)×1 = 4시간
- 드릴공정 (4,000÷1,000)×2.5 = 10시간

② 공정별 전체 부하량

공정별 전체 부하량은 다음과 같다.

- 절단공정: 4시간(부품 A)+8시간(부품 B)+12시간(부품 C) = 24시간
- 굽힘공정: 16시간(부품 A)+4시간(부품 B)+4시간(부품 C) = 24시간
- 드릴공정: 18시간(부품 A)+4시간(부품 B)+10시간(부품 C) = 32시간

[3] 능력과 부하를 평준화한다.

(1) 부하가 능력보다 큰 경우(부하 〉 능력)

잔업, 공휴일 근무, 타직장으로부터 지원, 임시외주 등으로 능력을 증가시키거나 납기의 연기, 수주 사양 등으로 부하를 감소시킨다.

(2) 부하가 능력보다 작은 경우(부하 〈 능력)

능력이 부족한 곳을 지원하거나 외주를 줄여 남는 능력을 다른 용도로 활용하거나 정비나 설비보전 등을 통해 부하를 증가시킨다.

(3) 일시적 불균형이 아니고 장기적인 불균형 예상

충분한 계획에 의해서 조정을 시도하고, 예상할 수 없는 사고, 고장 등으로 인한 작업지연을 방지할 수 있도록 상당한 여유를 감안하여 조정한다.

2.11 관리자손실(유실공수) 개선 방안

[1] 품절손실 개선을 위한 JIT

① 적기공급 생산방식(JIT: Just In Time)

재고를 쌓아 두지 않고 필요한 때 적기에 제품을 공급하는 생산방식을 의미한다. 다품종 소량생산 체제 구축 요구에 따라 적은 비용으로 품질을 유지하여 적시에 제품을 인도하기 위한 생산방식으로, JIT는 자동화와 함께 도요타 생산시스템의 핵심 요소이다. JIT는 혼류생산방식으로 변화에 대응하는 유연성을 추구하는데, 대폭적인 리드타임단축, 납기준수, 재고감소, 생산성향상, 불량감소를 가능하게 한다. 이 방식은 철저한 현장 중심의 개선과 낭비제거를 추구한다.

② Push 생산방식과의 비교

대량생산에서 다품종 소량생산으로 변화하면서 기존의 대량생산방식인 Push 생산방식의 문제점이 나타났다. Push 생산방식은 후공정의 작업능력이나 상황에 관계없이 전공정에서 작업이 끝나면 후공정으로 넘겨주는 생산방식이다. 그러므로 공정간에 작업시간이 균형을 이루지 못할 경우 대기 및 정체 공정이 발생한다. 대량생산에서 라인에 균형이 이루어진 곳에서는 흐름생산을 이용한 Push 생산이 높은 생산성을 갖게 된다. 하지만 다품종 소량생산에서는 빈번한 준비작업과 소로트 생산으로 인하여 작업의 정체 및 대기, 낭비와 불합리한 점들이 발생한다. 이에 반해 JIT 생산방식은 필요한 때, 필요한 것을, 필요한 만큼 생산하여 재공품 재고, 제품재고, 원자재 재고를 철저히 줄이고 생산공정에서의 낭비를 제거하는데 있다.

[2] 작업지시손실 개선을 위한 생산계획 및 통제

① 생산계획

기업이 미래의 일정기간에 걸친 수요변동에 대한 예측을 기반으로 어떤 종류의 품목을 얼마나 많이 생산할 것인가와 언제, 어디서, 어떻게 그것을 생산할 것인가를 결정하는 활동을 의미한다. 수요에 대한 예측은 미래의 생산수준을 합리적으로 계획하기 위한 기본적인 요소이지만 예측을 정확하게 하는 것은 경기순환 및 계절적 요인 등에의한 변동으로 불가능하다.

② 생산통제

생산활동을 합리적으로 관리하기 위해서는 수요변동에 대응하여 계획된 생산수준을 조정하는 생산통제가 반드시 필요하다.

③ 생산계획 및 통제의 어려움

생산계획과 통제에 관한 의사결정은 다음과 같은 이유로 인해 매우 어렵다.

- 생산시스템의 생산수준을 결정하거나 변경하는 것은 시간의 흐름에 따른 수요 변동으로 인해 재고수준의 변동을 가져온다는 것을 고려해야 한다.
- 여러 투입요소들의 복잡한 상호의존관계로 구성되어 있는 생산시스템에서 최종생산물의 구성비율을 조정하는 것은 이로 인해 생산시스템 내부의 다양한 변수들의 변동을 초래한다는 것을 고려해야 한다.
- 기업의 근로자에게 합리적이고 안정된 고용을 보장해야 하는 의무감 등으로 인해 무형의 제약이 적용된다는 것을 고려해야 한다.

2.12 유실공수 개선하기

2.12.1 JIT시스템을 활용하여 품질손실을 개선한다.

[1] 소로트 생산을 위한 생산평준화 방안을 마련한다.

생산기간은 작업시간에 준비시간을 더한 것으로 소로트 생산은 준비시간단축을 목표로 한다. 소로트 생산을 위해서는 수요의 변동성을 낮추는 생산평준화 방안이 필요하다.

[2] 로트 생산과 흐름생산의 차이를 이해한다.

(1) 로트생산과 흐름생산의 특징

로트생산을 하거나 공정간에 사이클타임이 일정하지 않을 때에는 공정간에 로트대기 및 정체가 발생하고 병목으로 인해 생산리드타임이 증가한다. 흐름생산은 부품이 공정간 1개씩 흐르기 때문에 공정사이에 로트대기가 없어져 전체 생산리드타임이 단축된다. 로트생산에서는 불량이 발생하면 대량의 로트불량이 생겨 손실이 크지만 흐름생산에서는 각 공정에서 1개씩 이동되므로 불량이 쉽게 발견되고 불량발견 시 원인을 찾기가 쉽고 조치를 신속하게 취할 수 있다.

(2) 생산평준화

고객의 수요는 일정하지 않는데 이에 대응하기 위해서는 완충재고를 보유해야 한다. 그래서 재고가 증가하게 되고 한 번에 생산하는 로트의 크기가 커지게 된다. 완충재고를 적게 가지고 가는 것이 바람직하지만 생산시스템의 관리 수준이 낮을 때에는 재고의 보유는 불가피하다. 준비시간 단축 등 생산시스템의 관리 수준이 향상되면 재고를 줄일 수 있다. 공정관리에서 생산평준화를 위해서는 일정관리(언제까지 만들 수 있나?)와 여력관리(설비나 사람을 이용하여 그 일을 할 수 있는가?)를 고려해야 한다.

JIT 생산방식은 후공정이 인수한 만큼을 전공정에서 생산하기 위해서 모든 생산공정에서는 필요한 시기에 필요한 양만큼을 생산할 수 있도록 사람과 설비를 모두 준비해 두어야 한다. 후공정이 인수하는 양의 차이가 크면 전공정에는 설비와 작업자가 쉬게 되는데 균일한 부하를 유지하기 위하여 생산의 평준화가 필요하다.

생산라인에 문제점이 많거나 공급해야하는 수요의 변동이 큰 경우에는 한 번에 많은 양을 생산하거나 많은 재고를 보유한다. 이러한 과잉생산과 재고의 낭비를 제거하기 위하여 수요의 불균형을 가능한 한 낮추어 흐름을 일정하게 하는 것을 생산의 평준화라고 한다.

(3) 혼류생산시스템

여러 종류의 다른 제품이 매일 또는 매시간 혼합형으로 생산하면 완성품 재고수준을 크게 줄일 수 있다. 혼합의 세밀한 조정은 어떤 한 제품의 과잉생산의 위험을 감소시킬 수 있다. 동시에 생산업체들은 규격화된 크기와 형태로 된 제품을 고객에게 제공한다. 최종공정에서 소비자 맞춤형으로 공급할 수 있게 생산하는 방식이 혼류생산시스템이다. 혼류생산은 시장 수요측면에서 더욱 밀접하게 반영되고 하부조립부품과 최종조립부문에 더 정확하게 공급하고 여러 가지 부품을 규칙적으로 일한 비율로 생산할 수 있다. 따라서 고객의 수요에 따라 같은 라인에서 가공 및 조립을 하는 것이 가능하다.

(4) 택트타임(Tact Time) 관리

택트타임(= 1일 가동시간÷1일 생산해야 할 수량)이란 최종공정이나 후공정에서 필요한 부품을 공급하기 위해 정해진 시간 안에 제품 1개 또는 부품 1개를 생산하는데 필요한 시간이다. 택트타임은 생산과 생산량의 필요에 대해 이용 가능한 시간으로부터 결정될 수 있고 시장의 수요에 따라 변한다. 시장이나 고객의 요구에 따라 대응하는 시간이 택트타임이다. 기계에 문제가 생기면 그 문제의 범위가 노출될 때까지 라인이 정지하여 택트타임은

길어지고 생산량은 감소한다. 택트타임을 줄이기 위해서는 병목이 되는 공정시간을 줄여야 하고 기계고장, 불량, 재작업, 결품 등과 같은 생산공정 내 거품을 없애야 한다. 택트타임보다 작업시간이 늦어지면 작업은 지연될 것이고 빠르면 초과생산을 하거나 다음 공정을 기다려야 하는 대기시간이 발생한다. 작업시간이 빠르거나 늦게 되는 경우 모두 작업을 개선하여 택트타임을 유지해야 한다.

[3] 간판생산시스템을 도입한다.

(1) 기본 개념

① 간판은 JIT 생산을 실현하기 위한 도구

② 직사각형 비닐봉지에 들어 있는 1장의 카드

③ 간판은 필요한 제품을 필요한 시기에 필요한 수량만큼 생산하는 일종의 정보 시스템

④ 간판방식은 슈퍼마켓방식으로 팔린 것만큼을 보충하는 방식

(2) 간판방식의 목적

① 생산지시와 자재이동

간판은 JIT시스템에서 생산지시와 자재이동을 위한 방법이다. 간판의 목적은 부품의 필요성을 알려주고 연속인 제조나 조립을 적시에 지원하여 생산하게 하는데 있다.

② 생산시스템의 자율적 통제

생산의 각 단계에서 많은 설비를 이용하여 많은 부품을 생산하는 생산시스템전체가 아무 문제도 없이 가동을 계속하는 일은 불가능하다. 전체시스템을 자율적으로 통제하고 짧은 생산기간에 보다 적은 비용으로 관리하기 위한 방법이 간판방식이다.

③ JIT시스템 실현

JIT를 실현하는 방법으로 슈퍼마켓에서 힌트를 얻어 후공정에서 물품을 인수하는 방식인 간판방식을 착안했다고 한다. 고객이 있는 후공정은 필요한 부품(상품)을 필요한 때에 필요한 양만큼 슈퍼마켓에 해당하는 전공정에 가지러 간다.

④ 관리적 비용 감소

매회 납입에 대해 발생하는 수입장표나 생산지시, 운반을 위한 장표류 대신에 한 번 작성하면 여러 번 이용 가능한 간판을 이용하는 것이 간접경비나 생산의 미조정을

전공정에 전달하기 위한 비용, 전체의 물품에 현품관리를 하는 데 있어서의 현품관리비 등의 관리적 비용을 감소할 수 있다.

⑤ 개선의 도구

현장을 눈으로 보는 관리가 가능하게 하여 개선점을 찾아내기 쉽다.

(3) 간판의 기능

① 작업지시 정보를 전달한다.

② 간판은 반드시 현물과 같이 움직인다.

현물과 간판이 일치하게 되면 여분의 생산을 막을 수 있고 생산의 우선순위를 알 수 있으며 현물관리를 간단히 할 수 있다.

③ 개선의 도구로 이용할 수 있다.

2.12.2 생산계획 및 통제를 통해 작업지시손실을 개선한다.

[1] 총괄생산계획을 수립한다.

향후 1년에 걸친 계획 대상기간동안 변화하는 수요를 가장 경제적으로 충족시킬 수 있는 기업의 전반적인 생산수준, 고용수준, 잔업수준, 하청수준, 재고수준 등을 월별로 결정하는 것을 의미한다.

(1) 수립절차

총괄수요를 예측하고 생산능력을 조정하기 위한 전략대안을 결정하고 생산기간별로 수요를 배정한다.

(2) 내용

기업이 수요나 주문의 시간적, 수량적 요건을 만족시키기 위하여 생산시스템의 능력을 전체의 입장에서 파악하여 조정해 나가는 것으로 생산시스템과 재고시스템의 결합에 의하여 기업 전체의 생산최적화를 도모한다.

(3) 전략대안

① 고용수준변동

- 수요가 늘면 부족인원을 고용하고 수요가 줄면 잉여인원을 해고한다.
- 신규채용에 따른 광고, 채용, 훈련비가 발생하거나 해고비용, 퇴직수당 등의 비용이 발생한다.
- 인력이 부족할 때 양질의 인력을 채용하기 어렵고 사기저하로 능률이 떨어진다.

② 생산율조정

- 수요가 늘면 조업시간을 늘리고 수요가 줄면 조업시간을 단축한다.
- 잔업수당, 설비투자비용, 하청비용이 발생할 수 있으며 조업단축, 유휴에 따른 유휴비용이 발생한다.
- 잔업이 있으면 보전시간이 감소하고 조업이 단축되면 보전시간을 늘일 수 있다.

③ 재고수준조정

- 수요증가에 대비한 재고를 유지하거나 과잉 재고시에는 판매를 촉진한다.
- 재고유지비용과 판촉비용이 발생하고 재고 부족시에는 납기지연으로 인한 손실이 발생한다.
- 납기지연으로 인한 신용하락 등의 기회손실이 크다.

④ 설비투자 및 하청조정

- 생산능력이 부족하면 하청을 주고 생산 및 하청능력이 부족하면 설비투자를 한다.
- 설비투자비용, 하청비용이 발생한다.
- 하청회사의 품질 및 일정을 관리하기 어렵고 수요가 감소하면 유휴설비 비용이 발생한다.

[2] 생산계획을 수립한다.

생산활동을 시작하기 전 주문이나 판매예측을 토대로 하여 생산하려는 제품의 종류, 수량, 가격 등과 아울러 생산방법, 장소, 일정 등에 관하여 가장 경제적이고 합리적인 계획을 세우는 것이다. 무엇을 언제 얼마나 만들 것인가를 나타내는 품종계획, 일정계획, 수량계획으로 구분한다.

① 실행절차

생산계획에 따라 주생산계획과 자재소요계획을 수립하여 구매와 생산 활동을 통제한다.

② 주생산계획

완제품 또는 주요 부품에 대한 생산계획 또는 구매계획을 수립하는 활동을 의미한다.

㉮ 필요요소

기간별 수요량(예측치), 현재고량, 주문정책을 기반으로 주생산계획을 수립한다.

㉯ 주문정책

- Lot for Lot: 각 기간동안 필요한 소요량과 같은 양을 주문하는 방식
- FOQ(fixed order quantity): 매 주문시 로트의 크기를 고정시켜서 주문하는 방식
- EOQ(economic order quantity): 총재고비용을 최소화하기 위한 방식
- ROP(reorder point system): 정량발주모형(Q시스템)은 재고가 일정수준에 이르면 주문하는 방식이고 정기발주모형(P시스템)은 일정시점이 되면 정기적으로 적절한 양을 주문하는 방식

[3] 방법손실 개선하기

① 공정분석 및 개선을 통해 공정손실을 개선한다.
② 작업분석 및 개선을 통해 작업손실을 개선한다.
③ 동작분석 및 개선을 통해 동작손실을 개선한다.
④ 레이아웃 및 물류분석을 통해 배치 및 운반손실을 개선한다.

3 작업능률손실 개선

3.1 작업낭비(숙련도 손실) 개선 방안

작업자 책임 손실은 숙련도 손실과 불량손실로 구분되는데 숙련도 손실은 OJT, 복리후생 등으로 작업동기를 부여하여 개선할 수 있다.

① OJT(on the job training)를 포함한 교육훈련 강화

작업자의 능력을 향상시키기 위해 OJT를 포함한 교육훈련을 강화한다.

② 복리후생 강화

작업자의 동기 부여를 위해 복리후생을 강화하여 능력을 최대한 활용할 수 있도록 한다.

3.2 불량손실 개선 방안

불량에 투입된 공수로 인한 불량손실은 자주검사와 작업표준화를 통해 개선할 수 있다.

[1] 자주검사

현장에서 작업자가 스스로 품질검사를 수행하도록 하여 불량손실을 개선한다.

① 전제조건

㉮ 자주검사 대상을 올바로 선정하고 개선한다.

공정이 안정되어 있고 후공정에서 발견할 수 있어야 한다. 제품, 부품, 공정, 설비, 작업자를 지정하고, 설비의 층별 자주검사가 가능해야 한다.

㉯ 시스템을 충실히 하고 작업자 교육을 철저히 한다.

작업표준, 이상처리 규정, 검사교육, 검사도구, 환경정비 등을 통해 자주검사 시스템을 충실히 하고, 불량신고제, 후공정체크, 체크시트가 충실히 활용될 수 있도록 교육을 철저히 한다.

㉰ 자주검사체제의 평가와 개선이 이루어진다.

자주검사 상황의 확인과 개선, 품질관리 점검팀(검사팀, 관리감독자), 불량클레임의 추적조사와 개선, 검사 생략의 결정 및 취소 등을 통해 자주검사체제의 평가

와 개선이 이루어져야 한다.

② 자주검사 내용

㉮ 표준화 및 교육

- 작업 표준화
- 자주검사대상, 제품, 부품, 공정 선정
- 작업자 선정
- 설비의 선정
- 자동화, 자동검사화
- 검사 표준화
- 작업자 품질의식 고양
- 작업, 검사, 이상처리 기능향상을 위한 교육

㉯ 실시

- 작업의 실시
- 자주검사의 실시(전공정가공의 확인 작업 포함)
- 측정능력의 향상

㉰ 확인

- 자주검사 실시상황의 확인
- 작업 실시상황의 확인
- 불량신고 건수의 확인
- 측정치의 해석
- 전공정, 후공정의 이상발생보고서의 확인
- 검사생략 공정(부품)의 확인
- 과실 방지 장치(fool proof) 체크

㉱ 이상의 처리

- 작업이상의 처리
- 검사 교육의 실시
- 측정 교육훈련의 실시
- 자주검사 대상의 검토
- 작업자의 검토

- 설비의 검토
- 불량신고의 철저
- 자동화, 자동검사의 개선
- 과실 방지 장치(fool proof) 개선

③ 자주검사 장단점

㉮ 장점

적절히 실시되면 비용이 저렴하고 개선의 의지와 지식이 있으면 품질향상 효과가 크며 참가의식도 높아진다.

㉯ 단점

적절히 실시되지 않으면 신용도가 떨어져 비용이 더 발생하고, 충분한 의지와 지식이 없으면 문제해결이 지연되고 자신감을 잃어 역효과가 날 수 있다.

[2] 작업표준화

작업표준화를 통해 작업자가 실수할 가능성을 줄여 불량손실을 개선한다.

3.3 작업낭비(숙련도 손실) 개선 방안

[1] OJT를 포함한 교육훈련을 통해 작업낭비를 개선한다.

기업 내에서의 종업원 교육훈련 방법의 하나로 피교육자인 종업원은 직무에 종사하면서 교육을 받게 되어 업무수행이 중단되는 일이 없다. OJT는 모든 관리자·감독자는 업무수행 과정에서 부하직원의 능력향상을 책임지는 교육자이어야 한다는 생각을 기반으로 추진되고 있기 때문에 지도자와 피교육자 사이에 친밀감을 조성하며 시간의 낭비가 적고 기업의 필요에 합치되는 교육훈련을 할 수 있다는 장점이 있다. 그러나 지도자의 높은 자질이 요구되며 교육훈련의 체계화가 어렵다는 등의 단점이 있다. 따라서 OJT의 대상은 비교적 하부조직의 직종이 된다. OJT에 의한 교육방법은 다음과 같은 4단계로 구분할 수 있다.

① 배울 준비를 시킨다.

- 편안하게 한다.
- 어떤 작업을 하는지 말한다.

- 그 작업에 대해서 어느 정도 알고 있는지 확인한다.
- 작업을 배우고 싶은 기분이 되도록 한다.
- 올바른 위치에 자세를 취하도록 한다.

② 작업을 설명한다.

- 중요한 스텝을 하나씩 말해서 들려주고, 해 보이고, 기록해 보인다.
- 급소를 강조한다.
- 확실하게, 빠짐없이, 끈기 있게, 이해하는 능력 이상으로 하지 않는다.

③ 시켜 본다.

- 잘못을 시정한다.
- 시켜 보면서 작업을 설명하도록 한다.
- 다시 한 번 시켜 보면서 급소를 말하도록 한다.
- 완전히 이해할 때까지 확인한다.

④ 가르친 결과를 본다.

- 작업에 투입한다.
- 모를 때에 시도할 사람을 지정해 둔다.
- 여러 번 점검한다.
- 점차 지도를 줄인다.

[2] 복리후생 강화를 통해 작업낭비를 개선한다.

기업이 종업원 또는 종업원 가족의 소비생활을 신체적, 정신적으로 또는 경제적으로 직접 원조하여 복지를 제공하는 일체의 체계를 말한다. 임금과 복리후생은 경영자가 부담하면 서로 근로자의 생활에 가장 관계가 깊은데 그 차이는 임금이 통상 화폐에 의해 지불되기 때문에 종업원은 화폐에 의해서 자기의 욕망을 소비생활로 충족하는 것인데 복리후생은 기업 측에서 단체로 제공하는 것으로 때로는 소비생활을 규제하기도 한다. 또한 임금은 개별임금이며 기본적 근로조건인데 대해 복리후생은 집단임금이며 부가적 근로조건이다. 복리후생의 구체적 사례를 보면 다음과 같다.

① 생활원조관계를 지원한다.

사택, 기숙사, 아파트 등의 거주시설과 급식, 욕탕, 미용실, 이발소, 일용품판매소, 매점, 세탁 등의 제 시설을 지원한다.

② 의료관계를 지원한다.

의무실, 병원, 구급실 등의 의료시설을 지원한다.

③ 문화·오락관계를 지원한다.

학교, 도서관, 독서실, 오락실, 영사실, 운동장, 레크리에이션시설 등을 지원한다.

④ 금융관계를 지원한다.

저축, 단체보험, 저리대부금 등을 지원한다.

⑤ 안전위생관계를 지원한다.

휴식공간, 탈의실, 화장실, 조명, 환기, 냉난방시설, 화재방지시설 등을 지원한다.

⑥ 경제관계를 지원한다.

공제제도를 지원한다.

⑦ 기타 법정복리를 지원한다.

사회보험, 노동보험, 질병 및 재해수당 등을 지원한다.

3.4 불량 투입공수(불량 손실) 개선 방안

[1] 자주검사를 통해 불량손실을 개선한다.

현장에서 작업자가 수행하는 품질검사를 의미하는 것으로 자주검사의 전제조건이 유지되어야 성공적으로 실시될 수 있다.

[2] 작업표준화를 통해 불량손실을 개선한다.

표준작업이란 효율적인 생산을 위해 모든 조건을 고려해서 자재와 설비, 인력을 가장 유효하게 조합하는 것을 의미한다. 작업표준이란 S, Q, C, D(safety, quality, cost, delivery)의 요구조건을 만족시키기 위하여 작업방법 및 순서를 통일시킨 것이다. 작업표준화를 통해 안전뿐만 아니라, 품질, 비용, 납기의 요구조건을 충족시킬 수 있어 불량손실을 개선할 수 있다.

Chapter

13

설비의 보전

1 설비보전의 의의

참고! - 설비보전의 의의

① 설비와 기타 여러 가지 자산의 상태가, 훌륭하게 유지되도록 계획하고 관리하는 모든 활동
② 생산 시스템의 자산이 만족할 만한 가동상태를 유지하도록 하는 제반활동

참고! - 설비보전의 목적

- 설비를 비롯한 기업의 자산을 기업의 목표달성을 위해 가장 잘 사용되어질 수 있는 상태로 유지하는 것.
- 이것은 설비를 반드시 최선의 가동상태로 유지하여야 한다는 뜻은 아님.

1.1 예방보전과 사후보전

[1] 예방보전

① 상례적인 검사나 서비스를 실시
② 잠재적인 고장가능성을 탐지하여 사전에 소폭의 조정이나 수리를 실시함으로써 차후의 큰 사고를 미리 방지하도록 계획

[2] 사후보전

① 대개 긴급한 조치를 요함
② 설비나 시설이 고장이 난 후에 수리하는 것
③ 할증비용이 발생

※ 검사기록체계에는 설비의 규격, 검사항목 및 수선작업의 빈도, 이용, 예비품목의 이용가능성 등에 대한 정보가 포함되어야 한다.

1.2 관련비용

① 갑작스런 고장이 발생하면 작업자와 기계가 작업을 중단하게 되어 생산시간의 손실, 일정계획의 지연 및 값비싼 긴급수리 등의 여러결과를 초래하게 된다.

② 가동불능시간의 비용은 M점까지는 예방보전비용(검사, 서비스, 사전계획된 수리 등의 비용)보다 크다.

③ 최적점 M을 지나서부터는 예방보전비용의 증대는 경제성이 없으며, 이러한 경우라면 기업으로서는 차라리 설비에 고장이 발생할 때까지 기다리는 편이 더 나을 것이다.

1.3 설비보전을 위한 조직

① 설비보전의 책임은 생산관리자 아래에 있는 감독자, 공장기술자 또는 공장장 등에게 위임될 수 있다.

② 기업은 설비보전서비스의 수요빈도, 공장의 크기 및 설비이동기간, 전문화의 정도 등에 따라 설비보전부를 집권화시키거나 분권화시킬 수 있다.

③ 설비보전부를 집권화시키는 경우에는 수선기술자들을 잘 활용할 수 있다는 장점이 있으며, 설비보전 요원들을 각 작업단위별로 분권화시키는 경우에 신속한 서비스를 기대할 수 있다.

2 대기행렬모형을 이용한 고장처리 능력결정

2.1 대기행렬시스템의 구성요소

① 대기행렬 : 서비스를 받기 위해 기다리고 있는 줄

② 대기행렬시스템의 요소

- 고객의 도착 행태: 도착률, 개별/단체, 대기이탈 등
- 서비스제공 행태: 서비스단계 및 경로, 서비스율(능력), 서비스정책 등

- 서비스 제공형태: FCFS(선착순규칙), 우선순위, 무작위 등
- 서비스 시설의 구조: 단일단계·단계, 단일경로 · 다중경로 등

고객의 도착 (도착률)	⇒	○○○○○ 대기행렬	⇒	서비스정책	⇒	서비스시설	⇒	떠남

2.2 대기행렬의 기본모형

① 도착간격, 서비스시간 : 지수분포

② 도착률, 서비스율 : 포아송분포

2.3 모형의 적용을 위한 기본자료

① λ = 도착률 (단위시간당 도착하는 평균고객수) = 단위시간 / 평균도착간격

(예) 평균 15분 간격으로 1명씩 도착한다면, 단위시간이 1시간(60분)인 경우에 λ 는 60/15 = 4가 된다.

② μ = 서비스율 (단위시간당 평균처리 건수) = 단위시간 / 건당 평균처리시간

(예) 고장기계의 평균수리시간이 10분이라면, 단위시간이 1시간인 경우에 μ 는 60/10 = 6이 된다.

성과지표	공식
이용율	$\rho = \frac{\lambda}{\mu}$
평균대기시간	$T_w = \frac{\lambda}{\mu(\mu-\lambda)}$
평균소요시간	$T_S = T_W + \frac{1}{\mu} = \frac{1}{\mu-\lambda}$
평균대기고객수	$N_W = \frac{\lambda^2}{\mu(\mu-\lambda)}$
시스템 내의 평균고객수	$N_S = N_W + \rho = \frac{\lambda}{\mu-\lambda}$

2.4 대기행렬모형을 이용한 서비스시설대안의 선택(고장처리능력의 결정)

① 공식을 이용한 생산차질비용의 산정

총생산차질비용 = 평균고장대수 × 단위시간당 생산차질비용
▲(공식에 의해 추정)

② 대안별 총비용의 산출

총비용 = 생산차질비용 + 시설유지비용
⇒ 총비용을 최소화하는 대안을 선택

Chapter

14

품질관리

01 품질관리의 목표
02 품질비용
03 허용발취검사
04 품질관리도를 이용한 공정관리
05 6시그마

1 품질관리의 목표

1.1 부서간 상이한 목표

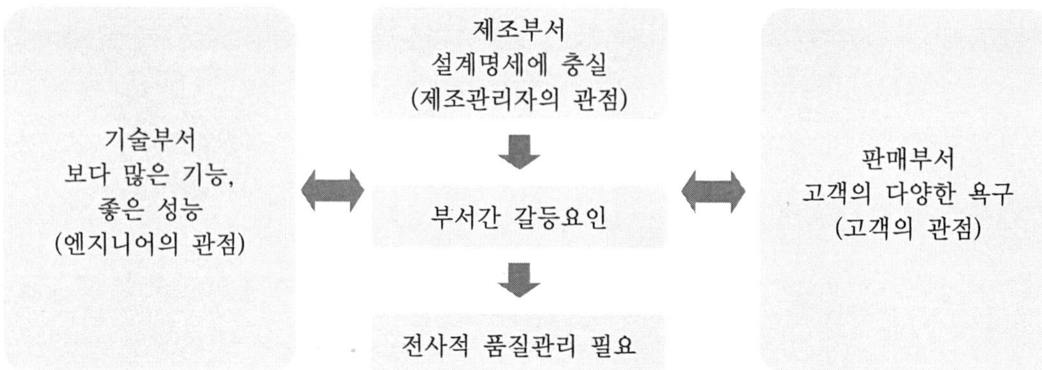

1.2 전사적 품질관리와 통계적 품질관리

[1] 전사적 품질관리(Total Quality Control; TQC)

① 최고경영층의 의지: 제조원가나 생산계획의 달성보다도 품질에 우선 순위

② 정보체제의 확립: 제품결함 및 향상과 관련한 정보의 원활한 흐름

③ 제품설계의 효율화: 제품설계 단계에서부터 전사적 협력체제

④ 생산공정의 효율화: 다기능교육

⑤ 공급자관리: 공급자의 선정기준을 가격보다는 품질관리능력 및 의지에 둠

[2] 통계적 품질관리(Statistical Quality Control; SQC)

- 과학적인 바탕위에서 구매품, 공정을 거친 반제품 또는 완제품의 품질관리

참고! - 전사적 품질관리 vs 통계적 품질관리

"통계적 품질관리는 전사적 품질관리의 성공을 위한 필수적 수단으로서 역할을 한다."

1.3 품질측정의 기준

[1] 등급

① 등급이란 그것에 의해서 비교가 가능해지도록 만들어진 척도

② 품질이란 제품표면의 매끄러움, 색상 또는 맛, 냄새의 순수성, 규격의 접근성, 적은 결점수, 신뢰성, 적용범위 등과 같은 속성치를 내포. 품질은 등급을 암시하게 된다.

[2] 사용적합성

① 사용자를 만족시키는 정도

② 사용자의 만족도는 일반적으로 등급 그 자체, 등급내의 품질의 일관성과 기능에 대한 신뢰도 및 보전성 등에 의해 좌우

[3] 일관성

① 제품이나 서비스가 항상 일관성을 유지해서 예측 가능하다는 것이 품질의 척도

② 대부분의 경우 품질의 문제에서 일관성이 적합성보다 더욱 중요하게 고려되어 있다.

[4] 품질의 적합성: 어떤 제품의 품질이 설계에서 정해진 규격에 일치하는 정도

1.4 품질관리의 기본절차

① 측정단위 및 측정절차 결정

② 측정 및 만족수준과의 비교

③ 만족수준 결정

④ 로트의 합격.불합격 판정

⑤ 무엇을 측정할 것인가의 정의

2 품질비용

2.1 품질의 비용형태

[1] 검사비용 : 제품이나 공정의 수용 가능성을 확인하기 위한 비용

[2] 예방비용 : 불량원인의 조사 및 제거, 관련요원의 교육, 설비대체 등을 위한 비용

[3] 불량품비용

① 내부적 불량비용 : 폐기, 재작업비용 등

② 외부적 불량비용 : 제품교환, 이미지 하락, 반품물류비 등

3 허용발취검사

3.1 용어의 정의

① AQL(Acceptance Quality Level) : 합격수준

② LTPD(Lot Tolerance Percent Defective) : 불합격수준

③ α : 생산자위험(좋은 lot이 불합격될 위험 : 좋은 lot이 불합격되면 생산자에 불리)

④ β : 소비자위험(나쁜 lot이 합격될 위험 : 나쁜 lot이 합격되면 소비자에 불리)

3.2 OC곡선

① 특정한 n(추출표본수)과 c(허용불량개수) 하에서, 로트가 지닌 불량률에 따라 그 로트가 합격 또는 불합격할 확률을 나타내어 주는 곡선

② n과 c가 달라짐에 따라 OC곡선의 형태도 달라진다.

4 품질관리도를 이용한 공정관리

4.1 불량원인의 분석절차

① 파레토분석(Pareto Analysis) : 불량의 주요인에 대한 개괄적 분석

② 피시본도표(Fishbone Chart) : 불량요인에 대한 상세분석

③ 통계적 공정관리도표(SPC Chart) : 공정상 불량유무를 확인

④ 상관도표(Correlation Diagram) : 불량에 대한 구체적 분석 및 처방

4.2 일반변동과 특수변동

① 일반변동

- 공정상 특수한 원인에 기인하지 않은 자연스런 변동, 즉, 우연변동(random variation)을 의미
- 평상적으로 정규분포를 가정하여 평균으로부터 표준편차의 3배 까지 변동을 허용함

② 특수변동

- 부실한 자재, 작업자의 미숙련, 공구의 마모 등에 의해 발생되는 변동으로서, 원인을 규명하여 조치할 필요가 있는 변동.

4.3 $\overline{X}$(평균)관리도와 R(범위)관리도

[1] 평균관리도에서의 변동허용범위

① 상한선(UCL) = 대평균 + 평균치들의 표준편차의 3배

② 하한선(LCL) = 대평균 − 평균치들의 표준편차의 3배

[2] 범위관리도에서의 변동허용범위

① 상한선(UCL) = 범위의 평균 + 범위치들의 표준편차의 3배

② 하한선(LCL) = 범위의 평균 − 범위치들의 표준편차의 3배

[3] 평균관리도와 범위관리도의 간편한 사용법

대평균 = 평균치들을 평균한 값
범위의 평균 = 범위치들을 평균한 값 } 은 쉽게 산출할 수 있으나,

평균치들의 표준편차나 범위치들의 표준편차는 산출하기가 번거롭기 때문에 다음과 같은 편법을 활용한다.

▶ 평균관리도에서의
- UCL = 대평균 + (A_2 × 범위의 평균)
- LCL = 대평균 − (A_2 × 범위의 평균)

▶ 범위관리도에서의
- UCL = D_4 × 범위의 평균
- LCL = D_3 × 범위의 평균

※ A2, D4, D3의 값은 표본의 크기(n)에 따라 미리 주어진 표에서 찾는다.

4.4 P(불량률)관리도

① 관리상한 $UCL = \bar{p} + \sqrt[3]{\frac{\bar{p}(1-\bar{p})}{n}}$

② 관리하한 $LCL = \bar{p} - \sqrt[3]{\frac{\bar{p}(1-\bar{p})}{n}}$

5 6시그마

5.1 6시그마 정의

- 6σ 를 벗어날 확률 : 1백만개 중 3.4개

5.2 6시그마 수행단계 : DMAIC

- Defne(정의, 개념 X), Measure(측정), Analyze(분석), Improve(개선), Control(통제)

5.3 6시그마 벨트제도

- White Belt, Green Belt(문제해결 능력), Black Belt(GE), Master Black Belt, Champion

Chapter

15

기업물류

01 기업물류의 개요

02 공급체계상의 영역별 물류

03 전자상거래와 SCM(Supply chain management)

1 기업물류의 개요

1.1 기업물류의 영역 : 조달 – 생산 – 판매

1.2 기업물류의 흐름

공급자로부터 생산 공장으로서의 원자재 흐름, 부품공장으로부터 조립공장으로의 반제품 이송, 공장에서 물류센터, 대리점 또는 최종고객으로, 물류센터에서 대리점 또는 최종고객으로, 그리고 대리점에서 최종고객으로의 완제품 이동 등 복잡다단한 물자이동이 나타난다.

1.3 물류의 중요성

① 환경의 변화와 물류의 중요성

	➡		➡	
경쟁의 심화		가격, 서비스 경쟁		경쟁력 있는 서비스 수준 및 비용수준의 유지를 위한 물류 합리화 필요
수요의 다양화		소량다빈도 운송니즈		
인건비상승, 교통체증, 지가상승		물류환경의 열악화		

② 물류비 절감의 효과

1.4. 물류서비스의 적정화

① 물류관리 성과측정의 2대 기준 : 서비스 vs. 비용

② 서비스의 적정화 : 비용을 극소화하면서 적정한 수준의 서비스수준을 유지한다. 일반적인 경우 고객서비스의 제고에 따라 비용이 증가하게 된다. 이러한 관계하에서 비용을 극소화하면서 고객에 대한 서비스수준을 적정수준으로 유지하는 일이 필요하게 되며, 이러한 노력을 물류합리화라고 한다.

1.5 물류관리의 의사결정영역

[1] 단기의사결정영역

① 수배송관련 정책: 유통경론, 운송수단

② 재고정책: 서비스수준, 적정재고

[2] 장기의사결정영역

① 공장관련 의사결정: 입지, 규모, 제품할당

② 물류센터관련 의사결정: 입지, 규모

2 공급체계상의 영역별 물류

2.1 조달물류

[1] 정의

원재료의 공급자나 외주처로부터 생산에 필요한 원자재 또는 부품을 공장으로 반입하는 것과 관련한 물류활동

[2] 주요 해결과제

① 리드타임 및 재고관리

② 운송체제 정비

③ 품질 및 정확성 유지

[3] 조달물류 합리화의 목표

공급자와의 상호 신뢰/지원관계를 추구하여, 정보네트워크와 합리적인 집하/운송/하역시스템의 운용을 통하여 적정품질의 원자재가 적정시점에 적정량이 반입되도록 노력하는 것

[4] 조달물류 합리화의 문제점

생산업체의 JIT생산을 위하여 공급자가 과다재고의 보유를 감소해야 하는 역효과가 작용하는 경우가 흔히 발생하고 있다.

2.2 생산물류

[1] 정의

생산에 필요한 원자재, 반제품 등을 획득, 보관 및 이송과 관련한 계획/통제활동을 포함하며, 더 나아가 생산계획 자체도 물류활동에 포함되기도 한다.

[2] 합리화의 과제

① 자재소요계획의 도입과 문제점

② 적시생상 체제의 도입과 자재소요계획과의 보완, 상충관계

2.3 판매물류

[1] 정의 : 물류의 최종단계로서 제품을 고객에게 전달하는 일체의 활동, 즉 물류센터의 운용, 수/배송, 정보네트워크의 운용 등이 그 관리대상이다.

[2] 효율화의 과제

① 물류센터의 입지 및 규모의 결정

② 적정서비스 수준 및 적정재고의 유지

③ 수/배송정책의 결정

2.4 전사물류(일관물류)의 추진

- 조달, 생산, 판매를 일관하는 혁신적 사고와 이를 뒷받침하는 조직활성화가 필요하다.

3 전자상거래와 SCM(Supply chain management)

3.1 전통상거래와 전통적 상거래의 비교

구분	전자상거래	전통적인 상거래
유통채널	기업 ⇔ 소비자	기업⇒ 도매상 ⇒ 소매상 ⇒ 소비자
거래지역	전세계	일부지역
거래시간	24시간	제약된 영업시간
고객수요 파악	온라인으로 수시획득, 재입력이 필요 없는 digital data	영업사원이 획득, 정보재입력 필요

3.2 전자상거래에 따른 supply chain의 변화

[1] 생산물류에 미치는 영향

① 일본 소니는 최근 물류혁신운동 소모(SOMO)를 추진하고 있는데, 이는 제품 하나를 팔면 제품 한개를 만든다(Sell One Make One)는 의미한다.

② 소비자가 필요로 하는 제품을 주문생산해 판매함으로써 물류비를 최소화 한다는 것이다.

③ 고객주문을 실시간으로 받아 신속하게 제품을 만든다는 것이다.

[2] 구매물류에 미치는 영향

① 기존의 구매시스템에서 걸림돌로 지적됬던 시간적, 공간적 제약을 인터넷으로 대표되는 사이버공간이 극복해 주었기 때문에 구매전략에 획기적인 질적변화를 가능하게 하고 있다.

② 글로벌 네트워크에서는 전세계 기업을 상대로 구매하므로 최고품질과 최저가격을 동시에 충족이 가능하다.

Chapter

16

생산관리의 최근 이슈들

01 JIT 생산
02 공장자동화
03 생산의 국제화

1 JIT 생산

1.1 JIT의 개념(적시생산, Just in time)

JIT는 적시관리 시스템 혹은 무재고시스템이라고 한다. 1970년대 일본에서 도입된 재고관리 시스템이다. JIT는 일본특유의 경영환경에서 비롯되어 전세계적으로 확산된 방식으로 흔히 도요타 생산방식을 말한다. 도요타 생산방식은 회사 전체의 노력으로 지속적인 발전을 도모해 나가기 위한 방식으로 재고를 Zero화 하는 것을 목표로 한다.

[1] 일본의 경영환경과 JIT

제2차 세계대전 전후로 미국과 일본의 경영환경을 비교하면 다음과 같다. 먼저 미국은 풍부한 자원과 자본을 바탕으로 대량생산 시스템하에서 일정수준의 불량을 허용하는 분위기가 있었다. 그러나 일본의 경우 부족한 자원과 자본, 공간으로 인하여 자원의 효율적 이용이 요구되었다. 따라서, 낭비를 줄이고 고부가가치를 추구해 나가는 철학이 기반이 되어 재고를 Zero화 하는 재고관리 시스템을 가져가게 된 것이다.

[2] Quality Circle과 JIT

품질사이클(Quality Cricle)은 품질향상과 공정개선을 위한 지속적인 노력을 필요로 하는 것이다. 특히 일본 국민의 공동체 정신에 바탕을 둔 일본식 경영방식으로 PDCA사이클이라고도 한다. PDCA사이클은 흔히 데밍사이클이라고도 하는데 계획하고(Plan) 실행하며(Do), 계획대비 실행이 제대로 진행되고 있는지 점검하고(Check), 점검결과 문제점이 대두되면 필요한 조치를(Action)를 함으로써 다음 계획에 반영시켜 나가는 사이클을 의미한다.

[3] 전통적 물류환경과 JIT

전통적 물류환경은 가 수요와 push판매 시스템을 의미한다. 이러한 시스템의 문제점은 재고의 증대로 인해 비용이 증대되고 정보차단 등 부작용이 초래되는 단점을 지닌다. JIT의 목표는 재고가 모든 낭비의 근원으로 Pull시스템을 통한 재고감축이다. 이의 성공을 위해서는 부서간 및 업체간 원활한 정보교류를 통해 상호협력이 필수적이다.

1.2 운용방식

[1] JIT시스템의 특징

JIT생산시스템의 특징은 다음의 3가지로 요약할 수 있다.

① 소량로트생산을 위한 준비시간감축 노력

② 간반을 활용한 pull체제 시스템

③ 다기능작업자에 의한 품질향상과 문제해결의 신속화

[2] JIT 생산계획

시설계획 ⇩ 총괄계획	전통적 생산계획과 별로 다를 바 없다. 단, 충분한 생산시설의 유지를 통한 재고비축 필요성 극소화를 추진하는 시스템
⇩ 일정계획	평준화 및 pull체제(JIT)
⇩ 자재계획	JIT 적용

1.3 MRP시스템과의 비교

MRP(Material Resource Planning, 자재소요계획)시스템은 적절한 재고를 필요로 하고, 납품업자와는 적대적 관계가 형성된다. 현실을 제약조건으로 수용하는 시스템인 반면 JIT는 무재고를 추구하고 납품업자와 공동체 공감대를 형성해 나가며, 지속적인 개선화 혁신을 위한 노력을 공동의 목표로 추구해 나가는 것이다. 다음 (표 1-4)는 MRP와 JT의 개념을 요약하였다.

표 16-1. MRP와 JIT 개념의 구분

구분	MRP	JIT
개념	적절한 재고는 필요	무재고를 추구
관계	납품업자와는 적대적 관계	납품업자는 공동체
제약조건	현실을 제약조건으로 수용	지속적 개선과 혁신 노력

1.4 JIT시스템의 한계

[1] JIT시스템의 성공요건

① 판매력

② 하청관리력

③ 기술력

④ 생산평준화의 유지

⑤ 생산관리체제의 정비

[2] JIT구매와 공급자관리

① JIT구매의 특징

- 소수, 근거리, 반복거래 공급자
- 생산평준화 (공급자의 JIT공급능력을 고려)
- 장기계약
- 상호신뢰구축
- 정보교류

② JIT구매의 목표

- 공장내 자재재고의 최소화
- 불필요한 작업 제거
- 품질 및 신뢰성 향상
- 운송중인 재고까지도 제거

③ 공급자의 우려

- 단일고객에 의존
- 과다한 재고부담(공급차질을 방지하기 위해 재고를 보유한 채 대기)
- 여유시간 부족(원청업체의 갑작스런 요구 대응에 어려움)
- 다빈도 운송 요구(운송비용 증대)

④ 해결방안

- 품질향상, 준비시간감축 등을 위한 기술 및 교육의 지원
- 정보네트워크의 구축과 활용
- 장기계약에 의한 근거리이전 유도
- 공동운송시스템 구축을 통한 지원

2 공장자동화

2.1 공장자동화의 개념

공장자동화는 생산자동화의 개념이 공장에 적용된 것으로 인간의 노동력이 첨단장비에 의해 대체되는 현상을 말한다. 이러한 현상은 대량생산체제에 따른 공장자동화 확대의 이유에서 이다. 공장자동화의 확대이유는 아래 6가지로 요약할 수 있다.

① 인력부족 및 3D 기피현상으로 인한 생산성 제고의 필요성

② 믿을 수 있고 안정된 제품품질의 필요성

③ 신속성과 유연성확보에 따른 고가의 재공품재고의 필요성

④ 기계의 이용을 높이고자 하는 욕구

⑤ 제품인도 약속을 이행해야 할 필요

⑥ 원재료와 에너지 비용의 상승(효율적 이용의 필요성 증대의 의미)

[1] 공장자동화의 범주

공장자동화의 범주는 첫째, 제작기계 즉 로봇 등을 의미하며, 둘째, 운반기구는 물자이동을 위한 컨베이어 시스템(Conveyor System), AGV(Automated Guided Vehicle, 무인운반로봇) 등을 의미한다. 셋째, 정보시스템은 생산활동 및 물자이동을 제어하고 수요정보, 조달정보 등을 생산기능과 연결하는 시스템을 말한다.

[2] 공장자동화의 필요성

① 노동력의 부족
② 높은 노무비(생산성향상 필요)
③ 근로의 질, 안전을 추구
④ 품질향상(제품품질의 일관성 유지)
⑤ 생산리드타임의 감축

2.2 공장자동화 용어

① NC(Numerically Controlled) Machine
NC(수치제어)는 DNC(중앙컴퓨터에 의한 작동)와 CNC(전용컴퓨터에 의한 작동)로 구분된다.

② CAD(Computer Aided Design)는 컴퓨터 보조설계를 의미한다.

③ CAM(Computer Aided Manufacturing)은 컴퓨터 보조생산으로 CAD/CAM은 디자인과 제조자동화를 연결하는 시스템을 의미한다.

④ FMS(Flexible Manufacturing System)는 유연생산시스템으로 구성요소는 컴퓨터제어시스템, NC Machines, MHS(Material Handling System)의 3가지로 구분된다.

⑤ GT(Group Technology)는 설계, 제조 및 재고관리의 효율화를 위한 grouping을 의미한다.

⑥ CIM(Computer Integrated Manufacturing)은 생산과 판매, 회계 등 타기능과의 정보네트워크화를 통한 통합생산체제를 의미한다.

2.3 공장자동화 단계

다음은 공장자동화 단계를 구분하였다. 먼저 NC, CAD이며, CAD/CAM, FMS, CIM의 단계를 가진다. [그림 16-1]은 공장자동화 단계를 도식화하였다.

단계 구분	내용
1단계	NC, CAD
	▼
2단계	CAD/CAM
	▼
3단계	FMS
	▼
4단계	CIM

그림 16-1. 공장자동화 단계

2.4 공장자동화의 목적 및 유의점

[1] 공장자동화의 목적

생산자동화의 목적은 ① 비용의 절감, ② 품질의 향상, ③ 시장적응성의 제고, ④ 고객서비스의 향상으로 구분된다.

[2] 공장자동화의 유의점

① 기업전략 및 제품특성과의 합치

② 사후관리능력

③ 의사결정의 기준 마련이 필요

공장자동화를 통해 비용절감과 시장적응성 향상을 위해서는 자사의 특성과 경영목표에 적합한 시스템을 도입하여 운영될 필요성이 제기된다.

3 생산의 국제화

국제시장에서 경쟁우위를 가지는 기업자원을 해외에 이전함과 동시에 상대국의 자원을 충분히 이용함으로써 생산의 경쟁력을 높이려는 국제적인 확장과정을 의미한다. 오늘날 시장개방과 함께 기업경영이 본격적으로 국제화되고 있으며 이러한 국제화에 따라 해외생산에 대한 동기유발도 마련되어야 한다.

3.1 해외생산의 주요동기

① 소극적 동기로는 국내임금 상승, 수송비, 수입규제 등을 의미한다.
② 적극적 동기는 생산기술, 원자재, 시장선점, 신시장 개척 등을 의미한다.

3.2 현지공장 역할의 변천

[1] 전략적 역할의 분류

① off-shore(옵쇼어)

off-shore에 속하는 공장들의 특징적 역할은 현지의 저렴한 생산요소를 이용하여 본국으로 부품이나 완제품을 역수출 하는 것을 의미한다. 그리고 공정관리를 위한 중요 의사결정은 본사에서 이루어지므로 기술개발이나 관리능력의 육성노력은 현지에서는 거의 일어나지 않는다. 예를 들면, 1970년대 극동지역이나 현재의 멕시코지역 현지 조립공장들을 들 수 있다.

② server(서버)

특정 국가나 지역시장을 취급하기 위하여 설립되었다. off-shore의 경우와 마찬가지로 관리능력이나 기술능력의 향상을 위한 투자는 거의 발생되지 않으나, 원자재 공급자나 고객과의 물자 및 정보교류에 관련한 권한은 다소 허용이 된다. 대표적인 예로는 개도국에 설립된 음료수 bottling 공장이나 담배공장을 들 수 있다.

③ outpost(아웃포스트)

선진기술을 보유한 공급자, 경쟁사, 고객 또는 연구소들이 위치한 지역에 공장을 세움으로써 유용한 정보를 수집하고자 하는 목적을 가진다. 기존업체를 인수하거나 합작형태를 취하며, 대표적인 예로는 실리콘 밸리에 있는 유럽, 일본 또는 개도국 업체와 일본에 있는 구미합작 자동차공장 등을 들 수 있다.

④ source(소스)

source에 속하는 공장들도 현지의 저렴한 생산요소에 그 설립동기가 있으나, off-shore 공장들보다는 전략적 활동이 많이 일어나게 된다. 특정 부품, 제품 또는 공정의 중심지로서 기술 활동이나 관리활동이 보다 활발히 일어나며, 구매, 생산계획 등에 관한 자율성도 그만큼 많이 주어진다. 예를 들면, 싱가포르에 위치한 애플컴퓨터, 푸에르토리코에 위치한 휴렛패커드의 전자부품공장들이 대표적이다.

⑤ lead

outpost 공장들과는 달리, 정보수집 뿐만 아니라 현지기술의 적극적 활용까지를 추진하여, 제조능력의 전략적 추구에서 본사와 파트너 관계에 있는 것이 이 공장들의 역할이다. 특정 제조능력을 본사 및 지역공장들에 제공하게 되며, 경우에 따라서는 세계시장을 위한 특정 제품 또는 부품의 유일한 공급자가 되기도 한다. 예를 들면, 프랑스, 독일, 영국에 있는 휴렛패커드 공장, 코닝글래스 공장, IBM의 유럽공장들을 들 수 있다.

[2] 전략적 역할의 변천

전략적 역할의 변천은 다음 3가지로 구분되어 질 수 있다. 먼저, off-shore는 source, lead로의 변천을 가지며, 둘째 server는 contributor에서 lead로의 변천을 가진다. 셋째 outpost는 lead로의 변천을 가진다.

참고문헌

- 박희석 · 공용구 · 정명철 · 이인석 · 기도형(2014). 『작업관리』. 서울: 한경사
- 정병용(2015). 『현대작업관리(사람 중심의 작업경영)』. 서울: 민영사
- 조문수 · 윤훈용 · 박성하(2009). 『Niebel의 작업관리』. 서울: (주)한국맥그로힐
- 조태연 · 김종철(2009). 『작업관리(쉽게 배우는 현장의)』. 서울: 도서출판 영민
- 주상윤(2011). 『작업개선 및 관리(생산성향상을 위한)』. 울산: 울산대학교출판부
- 한국생산성본부(1988). 『(실천)생산성향상추진기법』. 서울: 한국생산성본부
- 한국생산성본부(1997). 『통합생산관리 매뉴얼』. 서울: 비북스
- 최영휘(2003). 품질관리 및 생산성관리를 이용하여 원가관리를 수행할 수 있는 전사적 자원관리 방법 및 시스템. 공개특허 제2003-6432호
- 윤진희(2006). RFID 산업 및 시장 활성화. SK Telecom, TT A Joumal, No. 102, p.61-67
- 박인정, 현택영, 박덕제(2006), RFID 카드에 기반을 둔 생산작업관리 시스템 한국인터넷방송통신TV학회 논문지, 제6권 제3호. p.47-54
- 박인정, 현택영(2007) "RFID를 이용한 작업관리 시스템 대한전자공학회 논문지 44권 CI편 제1호, p.31-36